Freddy Alexis

SANACIÓN

MENSAJE DESDE EL COSMOS

EDITORIAL
LA MANCHA

Sanación, Mensaje desde el cosmos

Primera edición, Diciembre 2020

© 2020 Freddy Alexis
© 2020 Diablo producciones
Todos los derechos reservados

Autor: Freddy Alexis Silva Valdés

Editor: Sebastián Alvear Chahuan

Diseño Portada: Sebastián Alvear Chahuan

Diseño Editorial: Editorial La Mancha

Ilustraciones y Fotografias interior: Freddy Alexis

Ilustraciones se basaron en algunos vectores bajados de freepick.com

Editorial La Mancha
Av. Apoquindo 5583, Of. 61 Las Condes, Santiago Chile.
www.lamanchaeditorial.cl

N° de inscripción: 2020–A–10358

AKRURA

EL QUE CAMINA ENTRE LAS ESTRELLAS

ÍNDICE

PRÓLOGO

Como muchos saben, en el estudio de los ovnis, soy un férreo detractor de la hipótesis extraterrestre para explicar, en parte, el origen o causa de las manifestaciones anómalas. Sin embargo, una vez que leí esta novela escrita por Freddy Alexis, accedí con gusto a su petición de trazar este prólogo, más que por la amistad que tenemos, simplemente por la historia relatada, la cual es la primera capa de algo mucho más profundo y que además, refleja una realidad que es parte de la vida de millones de personas.

Jacques Vallée, uno de los padres la ufología señala: *"Los ovnis pueden servir para estabilizar la relación entre las necesidades de la conciencia del hombre y las complejidades en la evolución de un mundo que debe comprender".*

Por su lado, el professor Kenneth Shouler (PhD), en un libro del año 2010, publicó que existían 4200 religiones en este planeta. Si analizamos únicamente ese dato, podemos establecer que el ser humano, por esencia, requiere y demanda una fórmula que contenga el llamado *"supuesto necesario".* Aquella figura etérea que concede un bálsamo teórico a las preguntas de la existencia; qué somos, de dónde venimos y para dónde vamos.

Dentro del sondeo del universo donde vivimos, el hombre se ha encontrado con múltiples fenómenos, o estímulos que favorecen aquella exploración del *supuesto necesario* y que, además, han sido la fuente de un conocimiento que, al parecer, no está completamente velado. Las religiones por si solas, han concentrado parte de esos conocimientos, y estos a su vez, se han transmitido mediante mensajes como el espíritu, la obediencia, el orden, la pureza, la renuncia, el amor, la sumisión, la preparación y la unión. Me refiero al Sabaenismo, Hinduismo, Judaísmo, Zaroastrismo, Budismo, Cristianismo, Islamismo, Babi y Baha´l, por nombrar las religiones que concentran una mayor cantidad de población mundial.

Paralelo a esos credos, existe una serie de sociedades secretas o escuelas de pensamiento, que rompen con los cánones establecidos de las diferentes épocas y en especial, van en contra de aquellos dogmas que parte de las mismas religiones señalas imperan en la población, buscando contestaciones a las ya mencionadas preguntas que el ser humano pensante se formula. Simplemente al observar y apreciar estos fenómenos aludidos, y que no tienen una justificación convencional o científica.

Es acá donde aparece el llamado esoterismo, como aquellos conocimientos que tratan de acercarse a la información real del o los *supuestos necesarios,* y que amparan las dudas que van mas allá de propia razón humana.

El verdadero pensamiento esotérico, que estudió el psiquiatra Carl G. Jung, por ejemplo, no guarda relación con la charlatanería o la proliferación de pseudo-ciencias, donde se ha pretendido encasillar por parte de algunos escépticos negacionistas. Al contrario, el esoterismo es el conjunto de prácticas, ritos y tradiciones de una corriente de pensamiento que, simplemente, no devela en su totalidad la información que posee, procurando así, concebir el universo y sus misterios de una manera no convencional.

Si tanteamos a través de la historia en las diversas corrientes de pensamiento, escuelas filosóficas, incluso en las ya nombradas religiones, veremos que cada una de ellas mantiene un componente esotérico o velado, lo que les permite dedicarse al estudio y comprensión de aquello que, aparentemente se encuentra más allá de nuestra percepción y entendimiento, estando como otras realidades que subsisten, pero ocultas a nuestra comprensión.

La percepción humana que tenemos de fenómenos que no entendemos, que conocemos muy poco y de los cuales derivan historias, mitos y leyendas, al fin y al cabo, solamente nos sirven para conocernos un poco más a nosotros mismos.

La historia que se cuenta de Santiago, el protagonista, es el relato de una tercera persona. Una sucesión de hechos con un mensaje y una información muy interesante, tal cual lo hacían los antiguos sabios, mediante la transmisión oral de sus mitos y leyendas.

Su historia, y la de su mensajero, son quizás parte de un todo, como también podrían ser la proyección de la imaginación. Nadie los sabe por ahora. Como sea, lo que me hace ruido es que, a lo largo del devenir humano, no son cientos, sino son miles de testimonios muy parecidos, los cuales reflejan que, pese a todo nuestro escepticismo, hay algo más allá del umbral de nuestra mente o conciencia, que no entendemos y que tal vez nunca logremos hacerlo.

Posiblemente, la propia naturaleza nos suministre situaciones tan fortuitamente organizadas o, a su vez, tan complejamente excéntricas, que nuestros sentidos de percepción y nuestra limitada lógica, nos imposibiliten concebirlas. Si recién comprendemos lo que son los neutrinos cósmicos o la antimateria, por ejemplo, quién sabe cuánto nos queda todavía por descubrir del universo donde estamos insertos, y si miramos el mapa estelar, no daremos cuenta humildemente que no somos nada.

Desde un enfoque netamente académico, no existe una sola prueba objetiva, empírica o el nexo que permita relacionar los ovnis registrados y estudiados con la Hipótesis Extraterrestre. Pero, por las dimensiones del cosmos, es muy probable que exista vida, en cualquiera de sus formas.

Así mismo, existen fenómenos aéreos anómalos, los cuales en un 3% (cifra oficial) no poseen explicación convencional. Que alguno de esos reportes analizados, podría tratarse de manifestaciones inteligentes, no se puede afirmar, pero tampoco se puede descartar de plano y es precisamente en esa ventana, donde podríamos con claridad entrar en la especulación.

El libro de Freddy Alexis es eso, una especulación y que va más allá de lo políticamente correcto. El tema, es que parte de los mensajes entregados por Richard, podrían comenzar a materializarse, como la falta de nuestros recursos naturales, por ejemplo, en la manifiesta escasez hídrica. Cualquiera diría que es una consecuencia prevista y que el cambio climático se advirtió hace décadas, pero justo ahora, que el vital elemento se incluyó en la Bolsa de Valores de Nueva York como un componente bursátil, podríamos afirmar que se abrió la compuerta para uno de los futuros conflictos que padecerá la especie humana, en las llamadas guerras del agua. Una de las tantas predicciones que se dejan leer en este libro.

Terminando mi prólogo con Vallée, el padre de la ufología dice textual: *"El fenómeno ovni es un reto directo a esa arbitraria dicotomía entre la realidad física y la realidad espiritual"*.

Sanación es un viaje especulativo, pero que no está ajeno a la realidad espiritual de miles de seres humanos, incluso a muchos de los que leerán este libro.

Definitivamente, el mensaje acá escrito es muy claro. Usted, es el que al final decide...

Rodrigo Bravo Garrido

*Autor de Los extraterrestres han muerto
y ufología aeronáutica*

AGRADECIMIENTOS

Quiero agradecer profundamente a Richard, Santiago y todas las almas iluminadas que trabajaron codo a codo conmigo para que este libro viera la luz, a mis hijos Gabriela, Franco y Leonor, a mis hermanos Ronnie, Christian, a mis amigos Claudio Pizarro, Claudio Prado, Karen Utreras, Mary Garudha, Ichi y Nemo, mi primo Camilo, mi tía Regina que tanto adora estos temas, a los demás integrantes de mi familia a quienes dedico este humilde trabajo y sobre todo, a mi madre, Nancy, que incansablemente me alentó para llevarlo a buen puerto.

No quisiera olvidar la gran ayuda de mi amigo Alejandro Kellendonk y familia, quienes en muchos sentidos hicieron posible la existencia de este libro.

A Benito y Alice por la profunda inspiración que me brindaron con su obra "La tierra al fin de los tiempos".

A Levy y al soñador Juan Alexis.

Agradezco también a todos y cada uno de los Ufoamigos, que incesantemente luchan por encontrar la verdad tras los "desconocidos del espacio".

Este libro narra historias reales, algunos nombres y lugares han sido cambiados para proteger la privacidad de sus reales protagonistas.

*Esta es la huella de un hombre y
su conexión con las estrellas…*

Freddy Alexis

"Constelación del corazón y la cruz".

"Hace 2.000 años Juan el Bautista gritaba en el desierto anunciando la venida de Cristo y llegó, hoy, el "mensajero" anuncia al mundo la segunda venida de el salvador, y llegará como está escrito… como un ladrón en la noche, cuando nadie lo espere."

PREFACIO

Debemos establecer que en un universo tan amplio lo extraño no es que exista vida fuera de la Tierra, lo extraño sería que no la hubiera. Por mucho tiempo la ciencia aseguraba que en el espacio existía un silencio sepulcral, sin embargo, hace un par de décadas esto se vino abajo tras el descubrimiento de una cantidad enorme de ondas de radio que van y vienen desde los rincones más alejados del universo conocido,incluso, hay expertos y científicos que postulan que estas mismas ondas podrían corresponder a supuestos mensajes de otros planetas o civilizaciones avanzadas. A través de ellas, estos seres estarían intentando comunicarse con sus similares en el vasto espacio profundo.

"De existir extraterrestres con el único mérito de haber empezado a explorar el universo antes que nosotros, y con el soporte de tener, además, la tecnología para venir a la Tierra, podrían estar llegando al planeta no solo con sus naves espaciales, sino que mentalmente, de forma telepática y por que no decirlo, de manera astral o en sueños para lograr de varias maneras contactarse efectivamente con otras civilizaciones como la nuestra."

Palabras de un gran maestro de la logia masónica.

"La gran mayoría de los contactados, desde hace más de 40 años, habla de seres de un planeta llamado "Apu", que según palabras de ellos mismos, se encontraría a 4,2 millones de años luz de la Tierra, en un sistema solar binario (de dos soles) en Alfa Centauri, fue en ese momento que el mundo entero comenzó a tildar a estos contactados de locos.

Sin embargo, el año 2012 la NASA descubre un interesante "exoplaneta" (un objeto astronómico que gira alrededor de otra estrella, fuera de nuestro sistema solar) a sólo 4.2 millones de años luz de la Tierra,"

Cuando NASA perfeccione el motor de plasma que viene desarrollando hace décadas, para poder reemplazar los propulsores de combustión y los proyectos para visitar ese exoplaneta se lleven a cabo, podremos ver en vivo y en directo, si somos recibidos o no, por una comitiva oficial de alienígenas y, de esa manera, comprobaremos si son los mismos, según palabra de los contactados, que nos visitan desde hace mucho más de cuatro décadas en sus ingenios espaciales.

Este fenómeno del contacto, es algo real y le puede ocurrir a cualquiera, incluso a usted o a mi, la dificultad del mismo consiste en lograr que la experiencia sea constante a través del tiempo y no un solo encuentro fugaz, finalmente son ellos quienes deciden con quien comunicarse, pero no por que haya alguien mejor que el resto, es por que buscan alguien que sea capaz de llegar a una colectividad más amplia, ya que hay personas que viven la experiencia y sus propios mecanismos mentales de protección frente a las experiencias traumáticas, bloquean este encuentro y a fin de cuentas solo tienen en su memoria sucesos de "tiempo perdido", lo que no ayuda a la comprensión objetiva del fenómeno.

La verdad sea dicha, también el miedo al ridículo o al desprestigio juegan de manera clave en muchas de las personas que han sido contactadas y llamadas a revelar la experiencia a otros.

Ahora bien, hay todo tipo de entidades tratando de llegar a nuestro planeta, hay algunas benéficas y otras maléficas, serían alrededor de 60 razas diferentes las que intentan entrar acá con los más variados propósitos, según palabras de los mismos contactados. Sabemos que no todos vienen con buenas intenciones, hay de todo en el universo al igual que en la Tierra, no es tan fácil que los que vienen con sucios objetivos actúen tan libremente, sólo basta recordar el caso Roswell, aquella nave encontrada en Nuevo México fue claramente derribada, pero no por tecnología terrestre, lo fue por naves que protegen nuestro planeta a diario, lo mismo sucedió en Paihuano en la cuarta región de Chile, son muchas las naves de aquellos con oscuros propósitos que han sido derribados por quienes permanentemente nos protegen.

Otro caso que podríamos recordar, es el del 14 de abril de 1561 en Nuremberg, Alemania, ese día sucede uno de los fenómenos mas extraños de la historia de la humanidad, una multitud de cilindros, cruces, media lunas voladoras, esferas y objetos luminosos se lanzaban rayos destruyéndose a vista y paciencia de los aterrados ciudadanos que afirmaban, ser testigos del fin del mundo. Esta guerra de las galaxias se repite en 1566 en Basilea, Suiza.

Esto quedo retratado gracias a los ilustradores de la época, quienes hicieron sendas descripciones gráficas de lo visto. Queda en evidencia en la colección Wickiana, que hoy en día permanece como mudo testigo en los anaqueles de la biblioteca de Zúrich.

Podemos entender que hay extraterrestres bien intencionados y otros mal intencionados, de eso no tengo duda.

No soy el primero, ni seré el último en atreverme a hablar de los supuestos contactos, ni de los distintos mensajes que se repiten una y otra vez. Han sido cientos, quizás miles los contactados, algunos han sido capaces de transmitirlo mientras que otros no, quizá por miedo a ser tratados como charlatanes, embaucadores o locos, entre ellos existen algunos que incluso ponen en duda lo vivido. Existen los que se atreven, son muchas sus voces, muchas sus caras y tantas sus palabras, las que son llevadas por el correr del viento y el pasar inexorable del tiempo. De entre estos, hay aquellos que tienen un sincero interés en la humanidad, esos son los que nos tocan y dejan una huella que vale la pena palpar y recordar. No podemos ignorarlos.

Esta historia trata justamente de un mensaje, de un contactado, de su relación con Akrura, un pequeño hombre sabio y su nexo con quienes están cuidando nuestro planeta de las más variadas y diabólicas entidades. Estas, son las mismas que intentan, día a día, hacerse del control de esta canica azul que se mueve por los confines de la galaxia.

CONFESIONES

AR–AKRURA: *Aquel que sana.*
AKRURA: *Sanación*
(En idioma universal, el que hablan los que viven más allá del límite de las estrellas.)

Mi encuentro con Santiago, ocurre de manera casual, como ocurren casi todas las cosas importantes en la vida de las personas, enfrentadas a sucesos extraordinarios en momentos inesperados.

Esa mañana llegué a la oficina puntual y al abrir mi correo me encuentro con un mensaje firmado por un tal Santiago Gálvez, con un encabezado demasiado atractivo para mi como para dejarlo pasar, "Contacto extraterrestre", sentí que se podía construir una buena historia para el programa con lo que sea que llegase a encontrar, el tópico implícito en el titular era demasiado interesante. El hombre pedía una breve reunión alrededor de las 10:00 am, en una pequeña cafetería a la vuelta de una gran multitienda que está instalada en esa cuadra, por metro los Leones. Esa mañana el piso de cemento reflejaba el sol, ya se sentía el calor, calculé que por la hora ya habría mínimo unos 28 grados, así que me dije a mi mismo "trata de dejar la verborrea para otra ocasión e intenta volver luego", conozco muy bien el sol santiaguino a esa hora en ese lugar en donde no hay ni la más mínima esperanza de sombra así que asentí mentalmente y esperé hacer de la reunión un trámite corto y expedito, la experiencia en comunicaciones ya me había enseñado que la mayoría de estas personas, eran por lo general algún tipo de enfermo con delirios mesiánicos, esquizofrénicos o personas que solo querían un poco de atención, cariño o derechamente pantalla, suena el celular, converso un momento con un colega del trabajo mientras me doy cuenta de que alguien se acerca a mi desde la vereda lateral, no lo distingo muy bien, era solo una sombra gris, me giro rápidamente. Frente a mi ya estaba Santiago, un hombre delgado, de contextura mediana y un poco inquieto, miraba de soslayo como si alguien lo persiguiese.

Lo saludé con un ¡Hola!, me imagino que eres Santiago.

– Si mi amigo, gracias por venir y querer escucharme.
"Nos sentamos en el café, le digo,
- Soy todo oídos.

Santiago comenzó su relato, los 15 minutos que esperaba ocupar con aquel desconocido se convirtieron en casi dos horas, estaba escuchando atentamente su historia, nombres, lugares y otros detalles infinitamente extraños me comenzaron a llenar la cabeza de dudas y preguntas.

¿Es real lo que me está contando?"

Santiago traía consigo una carpeta de plástico de un peculiar tono rosado, antigua, doblada en varias esquinas, afirmada con un elástico de banco de esos gruesos y se notaba que en su interior venían muchas cosas, papeles, sobres, etc.

La había sacado con mucho cuidado desde el interior de una mochila gris que traía a sus espaldas, con una cautela única me explicó que ahí estaba el origen y el secreto de todo, la historia de Akrura o Richard, el "mensajero".

Así como el tren que se detiene para que los pasajeros suban al vagón que los lleva hasta su destino final, yo los dejo aquí y le entrego el volante a Santiago, aquel hombre de mochila gris que es el que finalmente protagoniza esta historia. El debería ser el que escriba estas letras, pero, en algún momento desapareció sin dejar rastro alguno.

Freddy Alexis, 2020.

I.– TRANSMUTACIÓN

*"Llegó el día esperado, estamos aquí sobre ustedes,
esperando el momento en que el gran comandante
nos ordene tomar a los elegidos y llevarlos
al Shangrilá, a la tierra de los prados eternos
y las aguas cristalinas del creador..."*

*Comandante Ashtar Sheran.
Federación galáctica de la luz.
(abril de 2011).*

LA VIDA DE SANTIAGO CAMBIA

Desde esa primavera del 2012, mi vida se convirtió en una montaña rusa de emociones, los acontecimientos que rodearon mi encuentro con Akrura transformaron la cotidianidad en un ir y venir de mensajes de paz, de amor, pero también de una profunda advertencia, el mundo nos necesita, nos llama...

Queda poco tiempo para este planeta, se vienen acontecimientos muy serios para nuestro celeste hogar, para los ciegos y sordos, ya que "ellos" no tendrán misericordia, solo quienes sean capaces de ver y escuchar, escaparán de la muerte en vida que predice el "mensaje" de un pequeño y anciano hombre yaciente, ese que clamó incesantemente desde una fría cama en Santiago de Chile, advertencia global que él recibió por allá por 1985.

La vida es amor, comprensión, es unión y felicidad, si la aprendemos a vivir diariamente nos recitaba con frecuencia, como si fuese un mantra. La misión que Richard cumplió como Akrura durante el tiempo humano equivalente a 30 años, esta fue enseñar, advertir y sanar, botar la soberbia y el orgullo, vencer el engaño y la hipocresía, como siempre decía incansablemente.

Para sus hermanos del cielo no hay secretos, están aquí y ahora entre nosotros y su devenir vendrá en silencio, sin aviso...

El gran cofre del secreto se abrirá y su contenido no será agradable para todos, sin embargo, no todo está perdido, las claves para encontrar la "salvación" están en las palabras de este pequeño gran hombre, el que vino a enseñar con paz, humildad y que nos mira compasivo mientras camina solitario entre las estrellas.

"Cuando eliminas lo imposible, lo que queda,
aunque improbable, debe ser la verdad".

Mr. Spock (Star Trek).

II.– LA ENTREGA

Santiago de Chile, barrio centro,
Departamento de Santiago Gálvez
En algún momento del 2011

ADIÓS

Santiago se sentó en la cama y miró por el ventanal el comienzo de la época de sol, las nubes se abrían y auguraban un día bello, de cielo prístino, miró una antigua fotografía en donde estaba abrazando una mujer, se trataba de Marian, su ex esposa, ambos sonreían, las memorias se agolparon en su mente.

Cerró los ojos, y comenzó a recordar su última noche juntos, estaban recostados, él, de manera suave deslizaba la mano sobre su amada, ella estaba durmiendo como la había visto hacerlo durante muchos años, interiormente, Santiago sabía que esta sería la despedida, pero no quería irse, no quería dejar su vida y a su ahora ex mujer, atrás. Con profundo dolor, miró sus ondas de pelo violeta estirarse sobre las blancas sabanas, iban dibujando hilillos de formas irregulares y la curva sinuosa de su hermoso cuerpo se adivinaba bajo la colcha rojo vino, conocía cada centímetro de esa mujer, era perfecta, sabía de su olor, su sabor y la tersura de aquella piel lozana y blanca. Se habían separado hacia ya varios meses, pero él siempre luchó por recuperarla, a veces con dolor y torpeza y otras veces con pasión desenfrenada y locura, pero nada había resultado, nada, ella no cambiaría de opinión, no quería pensar distinto, la que había sido su mujer ya no lo quería y eso era definitivo.

En ese lapso de tiempo ella le había repetido sin descanso que la dejara tranquila, que no se le acercara pero sin embargo a veces en medio de la noche, él recibía su llamado "Ven, te extraño" y como un perrito faldero corría a sus brazos (A veces el maldito amor te hace cometer locuras y muchas veces bajar las barreras del autoestima) y juntos disfrutaban de noches de extenso e interminable placer, antiguo, pero de gran sabor, para luego solo quedarse mirando las motas de polvo bailar por los haces de luz que sigilosa y grácilmente entraban por las cortinas mientras ellos seguían besándose, suavemente, como dos adolescentes.

Dentro de la marea del recuerdo, Santiago tocaba el pecho suave y caliente de su todavía amada, sintiendo el corazón calmo y firme, sudaba muy levemente, eso le encantaba, sabía que le seguiría encantando y que más encima podría estar así toda la vida, quieto, observándola hipnotizado como un vigía nocturno, resguardándola mientras ella recorría a pie descalzo los pasillos del sueño. Levantó lentamente el rostro hacía el de ella, redondo, grácil, bello, vio que una lágrima transparente rodó por su mejilla, cayendo como un cristal líquido por su piel, lo sintió como un aviso premonitorio, una advertencia de la vida, una señal del inevitable fin, su angustiado corazón supo en aquel instante, que esa pequeña gota de tristeza y agua le abría las puertas a la despedida, sintió su alma quebrarse, abrazó a su ex mujer con un abrazo fuerte, como si fuera el último (Y Dios que así lo era) como para llevarse consigo la esencia de ese cuerpo tan amado y tan suyo. Minutos después, ya vestido, salió por la puerta de aquel departamento con el corazón oprimido por los años de fallas y por lo que pudo haber hecho mejor, por todo lo que la quería y por que perdía al amor de su vida para siempre.

En alguna parte de su mente imaginó que en un futuro no muy lejano volverían a verse (dicho sea de paso, no fue así). Algún día, si los vientos del destino lo querían, podrían, quizás al mismo tiempo, reencontrar el amor, en otros besos, otras manos y otros cuerpos, aunque hoy lo mas cierto es que esos besos y ese tenerse íntimo y secreto, había sido solo un bello pero doloroso adiós...

El recuerdo reverberó en su cabeza, enfriando su cara con gotas de un llanto suave, tenía que ir a trabajar, no se podía hundir en la tristeza.

Salió.

LO CONOZCO

Diario de Santiago Gálvez

Hace un par de años recibí el llamado de uno de mis grandes amigos de la infancia, para no invadir su privacidad sólo diré que le llaman el "Huaiqui", aunque no lo crean, detrás de este apodo se esconde uno de los más grandes compositores de la música popular de este país, su pluma ha dado vida a los temas con letras del más alto calibre permitidos en la radiodifusión chilena, especialmente en radio Corazón y disfrutados en esa época por la audiencia de un blondo y dicharachero "Rumpy", a la sazón, un canapé auditivo muy poco recomendado para las señoras de misa dominguera y apellido de doble erre.

Para resumir, el "Huaiqui", me llamo por teléfono durante semanas, pedía insistentemente que me entrevistara con un tal Richard, un hombre de avanzada edad que según él, le había exigido convencerme de ir a su casa por un asunto de vital importancia. En otras circunstancias me lo habría tomado con ligereza y quizás hasta con desdén, pero viniendo de el "Huaiqui" no me quedó alternativa. Me dio el teléfono y una fecha en la que Richard me esperaría.

Ese día llego, ya estaba en el centro de Santiago, Abrí la libreta *"moleskine"* sobreviviente de mi paso por el país del norte y ahí en un verde casi fosforescente, entre notas y bosquejos a medio terminar había garabateado el número de Richard, marqué un par de veces su teléfono y luego de un silencio que se estiraba como un chicle, una voz vieja y crujiente me dice:

— *"Aló!"*.
— *¿Richard?*
— *Sí ¿Con quién?*
—*.............. Un silencio largo, Santiago Gálvez, el amigo de "Huaiqui" ¿Cómo está?*
— *Bien, bien ¿Viene para acá?*
— *Si, ya estoy en el centro, llego en unos minutos a su casa.*
— *Lo espero, me dijo...*

Noté claramente que a mi interlocutor no se le hacía fácil respirar y hablar al mismo tiempo, mi cerebro tomó una nota de alerta y de tristeza. Tardé unos 10 minutos caminando bajo el tibio sol mañanero de septiembre, me detengo en el número escrito y me quedo mirando una inmensa casa antigua de esas que todavía quedan en los barrios más viejos de la capital, su muralla roja ladrillo reverberaba entre los demás edificios grises, toco el timbre y me abre la puerta una anciana de cara alegre y pequeña, los surcos de su rostro parecían pequeños mapas de felicidad, como si esta se pudiera dibujar…

— *Hola, soy la mujer de Richard, Anne. Que bueno que viniste, él te está esperando.*

Soy por naturaleza una persona muy desconfiada, pero, esta vez había bajado las defensas en una actitud muy poco mía, aún a pesar de la casi nula información dada por mi amigo y al hecho que a mi interior le parecía insólitamente suficiente su sola recomendación, crucé el umbral de la puerta, la mujer de pelo blanco me dejó sentado en un sillón antiguo y desapareció rápidamente metiéndose a un cuarto a la izquierda.

El decorado sesentero se me hacía muy acogedor, una gran radio "*Grundig*" descansaba sobre un mueble como un dinosaurio dormido, de pronto, fui notando en las murallas muchas fotos de un caballero de gomina y de buen vestir con personajes que yo antes había visto, Antonio Prieto, La Sonora Huambaly, Pachuco y la Cubanacán, Lucho Gatica, Frei, Lagos, Fidel, Kirchner y un largo etcétera… él debía ser Richard.

Volvió mi anfitriona más sonriente que al comienzo y me estira la mano, "venga" me dice con un hilo de voz y la sigo al mismo cuarto donde desapareció minutos antes…

Doy un paso dentro de una habitación oscura, pero muy bien cuidada, llena de libros y recortes de diarios antiguos ordenados dentro de carpetas de colores, al centro una cama grande de sábanas celestes y una frazada color café moro, a la derecha un tanque de oxígeno y un tubito plástico que lo conectaban con mi misterioso anfitrión, el mismísimo Richard.

Dicen que el secreto está en los detalles, y la verdad, es que muchas veces las palabras se quedan cortas para describir ciertas situaciones o momentos que tienen un tinte de inexplicable o de poco común y en este caso, algunas aristas de esta escena me parecían medidas, calculadas, como si "alguien" hubiese pintado ese retrato para mí, en un encuadre perfecto. Sobre la cama de Richard pendía un gigantesco tapiz mural de colores muy vivos, casi excéntricos, 12 ovejas y un pastor a la orilla de un río muy celeste y blanco, pastos verdes, un sol amarillo y naranja, los rizos le caían sobre los hombros al hombre tejido de rubios cabellos y ojos azules, un radiante Jesús de manta roja sangre cruzada entre los hombros, llevando entre sus brazos la oveja descarriada que lo mira desde el pecho, la cabeza coronada por el halo de la divinidad tejido de una gruesa trama de filamentos dorados, a unos pocos metros una de las ovejas agachada tomaba agua del río, el tapiz estaba enmarcado por unos gruesos bordes negros brillantes que cortaban el rectángulo de felpa, sin delicadezas, con trazos que golpeaban la vista y el ocre tono de la casa en general.

¿Dónde estaba lo inusual? El recorrido visual del lecho del río inevitablemente te llevaba hasta la cabeza de Richard, como si se hubiese puesto ahí a propósito.

Efectivamente era aquel hombre de las fotografías, pero mucho más delgado y también, mucho más viejo, como una versión de sí mismo que hubiese viajado 30 años hacia el futuro y regresado con la cabeza cana y la piel arrugada.

Nuestra conversación comienza de manera muy poco usual, casi como si fuéramos amigos de toda la vida, el octogenario hombre, conocía de manera muy detallada mis andanzas por la televisión y los temas que me tocaba manejar en los franjeados, noté que le costaba mucho mantener el ritmo de la conversación así que decidí comenzar a responderle de manera pausada, tosió… hizo una pausa y luego me miró a los ojos.

— *"Mi amigo, es como hablar con alguien que conociese desde la infancia, aun a pesar que la diferencia de edad es notoria, lo que tengo que decirle, no da para unos minutos y la verdad hoy no ha sido un buen día, los doctores vinieron a primera hora y los tratamientos a estas alturas son muy dolorosos, me siento un poco cansado ¿Cabe la posibilidad que venga a almorzar el próximo martes?".*
— *Si, obvio Richard, con gusto.* Le digo.

Nuestro primer encuentro terminaba ahí, a pesar de su elocuencia, sus pulmones estaban perdiendo la batalla.

Caminaba de regreso por las calles asfaltadas del centro de Santiago, mirando al cielo, me dominaba una sensación muy extraña…

LAS FLORES DE CORIÓN

Habíamos quedado en vernos el martes de la semana siguiente, así que acomodé mi agenda para lograr estar en fecha y hora, corrí y coordiné los reportajes y entrevistas que tenía que hacer para el programa en que trabajaba dejándolos para después del miércoles y hasta ese momento todo estaba resultando a pedir de boca.

Se repetía todo tal cuál la primera vez con la diferencia que en este *meeting* la actividad principal era compartir un rico almuerzo en casa de Richard. Una cazuela con sabor a campo, ensalada de tomate y cebolla muy bien preparados y aliñados eran el complemento perfecto para aquella tarde soleada, Richard comía con dificultad compartiendo las cucharadas con las bocanadas de aire, notaba su esfuerzo y verlo era angustioso, sin embargo, en mi calidad de invitado lo mejor era guardar silencio.

Conversamos de lo humano y lo divino y sus anécdotas de su época de músico eran muy sabrosas, era un hombre que tenía claramente el "don de la palabra".

En un momento de la charla Richard se dio cuenta de que yo miraba fijamente un dibujo que destacaba contra la pared a su costado:

— *"Fíjate muy bien…"*

Me dijo mientras yo tenía los ojos clavados en un dibujo a mano alzada de tres hombres de traje azul ajustado y de pelo claro que estaba pegado en la muralla con un tímido corchete, los alguna vez vivos colores estaban un poco apastelados y el trozo de papel comenzaba a tomar un tinte amarillento café en las puntas, sin embargo, había un detalle en rojo que parecía más nuevo como si se hubiese agregado después.

— *"Fíjate como todos tienen que estar rodeados de un aura, estas imágenes solamente las tenemos los verdaderos discípulos, ahí son todos jóvenes, no existe la vejez, ese corazón que llevan en el pecho les conserva la juventud, nadie envejece…"*

—*"Viven 1.500 a 2.000 años y luego les es cambiado el envoltorio por uno nuevo, son clonados, para llegar de esa manera, a la vida eterna".*

Un potente detalle rojo en la base del dibujo llamó poderosamente mi atención, eran unas sendas flores, parecidas a crisantemos, pero grandes y de un tono rubí muy intenso.

— *"Eso que ves son flores, flores de Corión, mi hogar".*

Si es que en verdad ese hermoso dibujo se inspiraba en un modelo real, estar frente al original te debería dejar sin aliento.

La sobremesa siguió comentando un evento que le sucedió hacía 18 años en ese mismo domicilio, el y su mujer venían de una sesión de terapia para mejorar el stress que le habían realizado a su amiga Francia, en medio de un "trance" se le apareció la visión de un hombre alto de traje gris ajustado, muy similar al de los astronautas que lo miraba con preocupación, desde ahí todo comenzó a ponerse muy extraño. El y su mujer se acostaron y a las horas empezaron a oír pasos en la entrada y susurros provenientes de la sala de estar, se levantaron y me aseguraron haberse encontrado con dos hombres de aspecto escandinavo sentados en el sillón, esperándolos, los reconoció inmediatamente, eran Arturo y Urielc, seres con los que ya se había encontrado en la cordillera de los Andes, en el Cajón del Maipo e incluso en un par de ocasiones, haberse visto con ellos en el interior de alguna de sus "naves".

Luego, me miró directo a los ojos, con una determinación que me puso incómodo, no pensé que aquel dulce hombre pudiese lograr ese talante rígido y autoritario.

— *"Tengo una misión para ti"* – me dice.

— *¿De qué se trata?*

— *El año 1985 empecé a escribir un libro, La Tierra al final de los tiempos, ahí hablo de todo lo que ya ha comenzado a ocurrir desde diciembre de 2012 y que me fue comunicado en esa fecha, el gran cambio en la humanidad, los desastres naturales, el cambio climático y todo lo que tu, me imagino, ves a diario trabajando en un medio de comunicación...*

Lo que era relativamente cierto, pero no presentaba ninguna incógnita o misterio en particular, era solo parte de la "pega", al momento me surgieron dos preguntas:

¿Quién le comunicó qué?

¿Por qué me lo cuenta a mí?

LA CAJA DE PANDORA

En un lapso de tiempo que me parecieron horas, pero en realidad no fueron mas que un par de minutos, sacó una carpeta plástica celeste de una cajonera al lado de su cama, llena de papeles y otras cosas, le puso un elástico de esos de fajo de banco y con algo de dificultad me la entregó mirándome a los ojos, su camiseta blanca revelaba que su cuerpo ya estaba prácticamente en los huesos, no quedaba mucho para Richard. En mi cabeza comenzó a palpitar una incómoda sensación de apremio.

"– Aquí está todo…".

Conversamos y conversamos, recordar esas últimas palabras se ha convertido en una tarea titánica para mi, con el paso del tiempo los recuerdos se van nublando y silenciando, como nos pasa a todos, sin embargo, tengo la impresión que hubo un algo más y no lo puedo recordar.

— *Cuando tengas tiempo te mostraré más cosas, tu sabes que se están llevando animales en las naves, en KRX hay tigres, leones y osos, todos rescatados desde aquí…*

En un dibujo grande un platillo volador plateado resplandeciente flotaba sobre unas casas.

— *Esa es la nave que se está viendo sobre Maipú, estas últimas semanas.*
— *En realidad algunos reportes hablaban de un objeto muy parecido al de la ilustración, brillante como un diamante en el cielo visto desde la plaza y el Templo Votivo.*

Richard me repetía, la gente se va a ir, yo debía guiar a las personas, pero mi tiempo se acaba, todos deben prepararse por que mi visión, mi mensaje debe ser entregado pronto.

Richard, ya hay algunos de mis discípulos más antiguos con cristales de Cesio en las manos, se los descargué yo y ya comenzaron a curar personas, están sanando a los que lo necesitan, ellos sanan el cuerpo, como yo lo hice con mis manos son rojas, míralas en el centro, brillan, es desde ahí desde donde yo sacaba todas las enfermedades, mis manos de viejo, tan arrugadas (las observaba con nostalgia) antes de enfermar eran poderosísimas, a distancia pude adormecer e hipnotizar, cuando llegaba gente a boicotear las reuniones los dormía, yo seguía con mi charla y mis manos curaban personas, una tras otra, se corría la voz, me buscaban, todo lo hice con amor, yo jamás cobré un peso a nadie, incluso con frío y bajo la lluvia lo hice, solo quería ayudar a la gente, algunos los levanté de la silla de ruedas, otros volvieron a ver y amar, estas manos fueron el instrumento... venía... mucha... gente...

Su añeja voz se iba, lejos muy lejos tratando de atrapar un recuerdo que probablemente se hacia borroso en su mente.

Pero aquel que recoja mi visión tendrá que llevar el peso del mensaje sobre sus hombros.

Diez de la noche, dos semanas después, entre cigarrillos y farándula televisiva, la cabeza me da mil vueltas pensando en la posibilidad cierta de armarme de valor y poner otra vez la carpeta rosada esta vez, entre mis manos, escucho muy a lo lejos como el "Huevo" conversa animado con alguien que le habla de terremotos con un tono muy seguro, demasiado para mi gusto, suena mi celular, reconocí inmediatamente el número y la voz, del otro lado me hablaba el "Huaiqui", me alegró saber que estaba recuperándose satisfactoriamente de los problemas que lo venían persiguiendo desde hace unos años, Richard sale al ruedo casi por casualidad y le comento que me gustaría pasarle la carpeta a los hijos de él, a su viuda Alice en persona o a él mismo incluso, ya que sin su intervención nada de esto estaría sucediendo y en mi interior lo identificaba a él como el responsable de todo.

Pasa un segundo, un largo respiro que mi amigo se toma para cerrar con un amistoso.

— *No hay problema, coordinémoslo a la brevedad.*

Manuscritos, fotocopias, dibujos, unos CD, un sobrecito pequeño y algunas borrosas imágenes impresas en papel fotográfico eran todo el contenido de esa "caja de Pandora" a la que yo le temía tanto, cosas simples y vulgares, no había ningún medallón con extraños símbolos alienígenas ni alguna radio de controles excéntricos para comunicarme con el espacio profundo, solo cosas simples y corrientes, como las que guardaría cualquiera que tomara el lápiz de vez en cuando para crear canciones, poemas o simplemente escribir algo.

A Pandora se le dijo "No la abras bajo ninguna circunstancia" durante minutos me sentí como un emulo de aquella primera mujer creada por Hefesto, con esa misteriosa tinaja entre las manos y con la curiosidad atenazándole los sentidos, cuando ya me cercioré que no se estaba abriendo ningún portal a la nada y que tampoco estaba Yog Sothoth penetrando por el vórtice de alguna distorsión espacio temporal rompiendo la realidad con su cuerpo abyecto de globos iridiscentes, tomé su contenido y lo devolví a la carpeta que con su tono rosado se me hacía ridícula frente a mis temores y aprensiones, fue en ese preciso momento que comenzó todo...

Mientras sacaba y sacaba cosas de un sobre amarillento lleno de papeles arrugados y viejos, encontré una hoja impresa con una firma que reza "Umbriel"... es la transcripción de una psicografía recibida por el (Richard) en la Navidad de algún año cercano al 2000, a las 12 de la noche, en uno de los últimos viajes que Richard realizaría para cumplir "su misión".

El mismo, de puño y letra, la titula "Introducción", escrito con uno de esos lápices de pasta y punta gruesa de una conocida marca brasileña, probablemente era lo que esta "escritura automática" buscaba, darle el puntapié inicial a algún próximo heredero de "La Tierra al final del tiempo" o quizás quién sabe a que, ya sin Richard en la Tierra para preguntarle será imposible de saber.

Transcribiré el original sin editar:

"Introducción

Dios nos hizo a su imagen conforme a su semejanza, por lo tanto, somos espíritu, seres luz, energía pura chispa divina del creador.

El sabotaje a la verdad ocurrió en el tiempo de Moisés. Los líderes religiosos del imperio se pusieron más que jubilosos cuando este les presentó los mandamientos entregados por Dios. La razón por que ellos mismos se volvieron auto nombrados "creadores y guardianes" de sus interpretaciones, de las Leyes del Padre, y manipularon y removieron las referencias a la "Reencarnación" para mantener un dominio, control y disciplina sobre la gente que gobernaban, lo cuál dejó a las personas imposibilitadas y a merced de estos astutos y mentirosos líderes.

Aquellos embusteros maliciosos aún están entre vosotros, y por medio de la avaricia, traición y manipulación ellos controlan a las personas en lo socio—económico, político y aún en lo geofísico de su mundo.

Estos son los mercaderes de la fe.

Cristo Jesús dijo, "Conoced la verdad y ella os hará libres". Cuídense de esos que te prohíben tener acceso a la sabiduría y al conocimiento, y te dicen que no vayas a oír, lo que probablemente es verdad, por que solo lo dicen para mantener el poder sobre ti y para apoderarse de tus bienes y pertenencias.

Busca siempre bajo la cubierta, para inspeccionar lo que ellos no te dicen, y además revisa cuidadosamente las cosas que ellos obtienen de ti.

La verdad y la sabiduría se dan sin ningún precio de tesoro, ni poder de forzamiento. Cuídate de estos mercaderes que solo buscan tu dinero."

Umbriel, delegado de Ashtar.—

Me queda reptando en la cabeza el hecho que el historiador francés Hypolitee Taine cuando estudia este fenómeno a mediados del 1800 lo relaciona directamente con escritos como la Biblia o el Corán los que se consideran fenómenos psicográficos, donde Viasa, Moisés y/o Mahoma no fueron más que un instrumento utilizado por alguna deidad o ser divino sobrenatural para plasmar el mensaje.

¿Que engranaje desconocido del universo estaba moviendo a Richard?...

LA MUERTE LLEGARÁ COMO UN LADRÓN EN LA NOCHE

Llevaba una semana con esos documentos y archivos en mis manos, leía y releía atentamente cada palabra, cada símbolo, dia tras dia intentaba sin éxito entender los intrincados dibujos y las exóticas explicaciones. Entre los archivos había muchos diagramas de un lugar llamado "Corión", el supuesto hogar estelar de Akrura, así era como Richard decía llamarse en el idioma del cosmos, incluso para él, mi nombre no era Santiago, yo me llamaría "Azor" y mi símbolo, sería el de el pequeño depredador aéreo.

Pasaba horas "googleando" imágenes de esta pequeña ave rapaz, veía videos, documentales, comencé a encontrarla magnífica, su capacidad de vuelo, su belleza, hasta se me hizo agradable que Richard me hubiese llamado Azor, se escuchaba un nombre con un gran sentido espiritual.

"Azor... Azor"

Entre estas divagaciones comencé a transcribir algunos de los documentos que me había entregado Richard, dentro de todo me topé con un listado de personas que efectivamente declaraban haber sido sanadas por este hombre, un listado con nombre, apellido, ocupación y teléfono de contacto, no una mera referencia o datos vagos, aquí claramente había algo con un pequeño tufillo a "evidencia", pero a este listado me referiré un poco más adelante.

Estuve revisando, mirando documentos y dibujos hasta altas horas de la noche, me venció el sueño, a pesar de eso estaba incómodo, tuve pesadillas y un grado de desasosiego que llegó al punto de despertarme cerca delas 4 AM, me dolía el pecho, la cabeza, una extraña sensación de angustia me apretaba el corazón, intenté en vano cerrar los ojos, me levanté y di varias vueltas por el living de mi casa, finalmente me dejé caer en un largo sillón crema que tenía en ese tiempo y cerré los ojos, apenas sentí que venía el sueño otra vez suena mi celular, di un salto, miro la pantalla...

— *¿Huaiqui? ¿A esta hora? ¿Qué habrá pasado?*
— *Aló, hola Huaiqui, ¿Pasa algo mi amigo?*

— *Hola ¿Fue a despedirse?*

— *¿Cómo? A despedirse ¿De que me estás hablando hermano?*
Van a ser las 5 AM.

— *Richard hombre, Richard ¿Pasó a despedirse de ti?*

En ese momento se me revolvió el estómago, la incomodidad, el desasosiego y la angustia, ahora entendía la razón.

— *Compadre cuénteme ¿Qué pasó con Richard?*

— *El estuvo aquí, me dijo que había llegado su momento y que iba a despedirse de todos nosotros, de ti también y que te acordaras de la misión, Richard falleció, ya no está entre nosotros.*

Salí al patio, una gran pena me abrazó, hacía mucho frío y el cielo era un gran manto negro, el borde de la cordillera se estaba tiñendo de un violeta radiante de manera muy sutil, dibujando la dentada silueta de los Andes, mientras miraba a lo alto vi una vaga forma reverberar entre dos astros, algo en mi interior me dijo que era Richard, ese pequeño hombre que ahora de una forma aún desconocida para mi, caminaba en paz entre las estrellas.

"Pero el día del Señor vendrá como ladrón en la noche;
en el cual los cielos pasarán con grande estruendo,
y los elementos ardiendo, serán deshechos,
y la tierra y las obras que en ella están,
serán quemadas.
2 Pedro 3:10"

III.– UN NUEVO COMIENZO

Génesis:
Entonces Dios dijo:
«¡Que haya un firmamento que separe las aguas en dos partes!»

Así que Dios creó el firmamento y separó las aguas;
unas quedaron arriba del firmamento y otras debajo.
Dios llamó al firmamento «cielo».
Llegó la tarde y después la mañana.
Ese fue el segundo día.
Luego Dios dijo:
«Que las aguas debajo del cielo se junten en un solo lugar,
para que aparezca el suelo seco».
Y así sucedió.

PROFECÍA

Tal como relaté antes, Richard me confesó y me entregó muchas cosas, algunas, tuve que darles varias vueltas para encontrar por donde desenredar la madeja y otras estaban ahí a la luz del sol, algunas transcribiré limpias, de puño y letra de Richard y otras intentaré un análisis para que sean comprensibles para todos, de entre las primeras están varios manuscritos y cartas que hacen referencia a profecías o palabras entregadas a el por quienes el llamaba sus hermanos mayores o guías.

Transcribo;

Las profecías de Akrura, en su forma original una vez reintegrado al programa Tierra:

"Las naciones del sur serán las poseedoras del agua necesaria para la vida, sin embargo, los egoísmos llenos de poder querrán apoderarse de elemento de Dios (supongo así llaman al agua), los países del cono deberán abastecer a la cuarta parte de humanidad que quedará viva después del desastre planetario que hemos advertido a través de nuestros hermanos.

Nuestra presencia sobre vuestro planeta se ha concentrado siempre más tras la explosión de las bombas atómicas el siglo pasado... La amenaza de una hecatombe planetaria en estos días de vuestro tiempo, 2020 años después de la venida de Jesús Cristo, el Hijo de Dios sobre la tierra, puede volverse concreta en las próximas semanas, en los próximos días o incluso en las próximas horas... Nosotros somos seres que creemos en la inteligencia cósmica que vosotros llamáis Dios...

Estáis al borde de una catástrofe, de un holocausto climático...

Hoy tras milenios, la situación ha alcanzado el punto caótico... La previsión de los terribles actuales eventos está contenida sobre todo en aquella profecía de que tanto se ha hablado cuanto ridiculizado: el último secreto de Fátima... La parte que falta, como ya ha sido divulgada por uno de nuestros operadores terrestres, se refiere no sólo a la situación mundial que estáis viviendo, sino también a nuestra presencia y a nuestra misión...

Nosotros estamos preparados y ahora estáis advertidos de nuestra probable intervención en caso de un cambio climático que transmute las tierras fértiles en un desierto y los mares en hielo profundo".

Mensaje de "Akrura" al mensajero, a través de una "impersonación" programada en Lagunillas, 2017.

Este mensaje puede parecer muy oscuro y muy apocalíptico, pero veamos que dice la ciencia hoy en día:

"Antes del año 2050 el ser humano podría agotar todos los recursos de agua potable del planeta". Así lo revela un artículo publicado por el semanario "Inquisitor" basado en un informe secreto filtrado por *WikiLeaks*.

El informe fue redactado por ejecutivos de Nestlé, conscientes del peligro que representa este problema para los intereses de la compañía de alimentos más grande del mundo. Según el reporte secreto, un tercio de la población mundial tendría problemas de escasez de agua antes de 2025, mientras que la situación se volvería catastrófica en 2050.

El reporte, secretamente obtenido por oficiales de los Estados Unidos, detalla cómo la dieta centrada en la carne que mayormente se sigue en Occidente está acabando con el agua potable. Esto se debe a que para alimentar al ganado es necesario cultivar toneladas de maíz y soya, lo que a su vez requiere grandes cantidades del preciado líquido.

En su lugar, si los humanos consumieran directamente estos vegetales, se desperdiciaría mucha menos agua. Actualmente, los estadounidenses son los mayores consumidores de carne a nivel mundial, pero este indicador crece en países como India y China.

Si todos los habitantes del planeta tuvieran los mismos hábitos alimenticios que el estadounidense medio, el agua potable se habría acabado ya en el año 2000, cuando el planeta alcanzó los 6.000 millones de habitantes. Una solución alternativa a abrazar el vegetarianismo sería colonizar otro planeta para salvar a la humanidad. Y, por descabellado que parezca, ya existen propuestas de este tipo.

Según el informe, hacia 2050 la disponibilidad de agua potable en las ciudades será de un tercio del nivel actual. En general, para entonces la escasez de agua afectará severamente la economía, siendo Oriente Medio, el Norte de África, Asia Central y partes de Asia Meridional las regiones más afectadas, donde las economías perderán entre el 7 y el 14% del PIB.

El informe advierte que la escasez de agua se deberá tanto a los factores climáticos, como al aumento de la demanda de agua potable, debido al crecimiento de la población, de las economías y de las ciudades.

Esto fue conocido por los contactados y por el mismo Richard hace al menos 35 años, muchos de ellos compartieron esta advertencia, este comunicado, sin embargo, la humanidad ha hecho poco hasta el día de hoy para solucionarlo.

El sexto ángel derramó su copa sobre el gran río Éufrates; y el agua de este se secó, para que estuviese preparado el camino a los reyes del oriente.

Y vi salir de la boca del dragón (Satanás),
y de la boca de la bestia (el Anticristo),
y de la boca del falso profeta
(el líder religioso, de la religión unificada),
tres espíritus inmundos a manera de ranas;
pues son espíritus de demonios,
que hacen señales,
y van a los reyes de la tierra en todo el mundo,
para reunirlos a la batalla de aquel gran día del Dios Todopoderoso.

Apocalipsis 16:12—14.

Freddy Alexis

"*Constelación de la mariposa*"

"Habéis superado el odio, el egoísmo, el cinismo, la violencia y la ferocidad sangrienta típicos de satanás y de lucifer.

Os habéis vuelto, gracias al libre albedrío que os ha sido concedido por el altísimo señor del cielo y de la tierra, más malvados que los peores demonios del universo.

Vuestro karma está cargado de efectos oscuros y tenebrosos.

Cuando muráis, porque moriréis, estad seguros de ello, vuestro espíritu tendrá que recorrer durante un larguísimo tiempo el camino extremo—doloroso de la segunda muerte.

Sois vosotros los que habéis provocado la ira santa de dios, la que se desencadenará inexorablemente sobre vuestros ejércitos y en contra de vuestro poder maldito que ha vuelto al planeta tierra inhabitable y que ha asesinado la vida inocente y sagrada para el padre creador.

Este es un mensaje que anuncia vuestro próximo final, la salvación de los bienaventurados y de los elegidos."

¡Paz!

Ashtar Sheran
Comandante

EL CERRO

Logré colarme en un grupo de amigos de Richard que habitualmente realizaba vigilias de "contacto" en Santiago, los lugares elegidos siempre eran determinados por una comunicación previa de parte de alguno de los guías extraterrestres, a esto se le llamaba *Encuentro concertado*.

Los resultados eran diversos, muchas veces uno o dos recibían algún tipo de mensaje a través de Psicografías (mensajes dictados de manera telepática por ellos y transcritos en papel) o en otras ocasiones por la mantralización de alguna palabra y este mensaje era recibido por el grupo completo a través una especie de proyección de pensamientos.

Al menos eso era lo que relataban ellos, yo la verdad, era muy incrédulo aún frente a estos eventos, me costaba "entrar" en esta mecánica de contactismo, que finalmente para el grupo era muy "real". Ese año al menos por unas cinco veces la cita fue en el Cerro Chena, subíamos en grupos en caravana de vehículos y desde el estacionamiento hasta la cima el camino era a pie. El ascenso fue planificado y nos llevó hacia la cumbre del Pukará de Chena, estaba atardeciendo y no era fácil subir, el sendero estrecho no daba espacio a los errores, un paso en falso y eso habría sido todo para muchos de los integrantes del heterogéneo grupo, con sobrepeso y con edades más allá de lo recomendable para escalar esta cumbre complicada y agreste, pero el mensaje había sido claro, se recibiría la palabra a través de una sesión de contacto con las entidades superiores, se daría un importante mensaje que sería fundamental para el futuro de todos.

Eran ya las cinco de la tarde, subir la ladera del cerro con el calor reinante no era tarea fácil, la transpiración salada picaba en los ojos, las piernas endurecidas impiden llegar a la cima con facilidad y los años de cigarro aprietan los pulmones sin piedad alguna, se me vienen lugares comunes a la mente, como por ejemplo la idea de haber estado en este mismo cerro hace al menos 30 años con mis padres.

En mi mente, se revuelven imágenes de correr con mi hermano entre los árboles y arbustos, flashes de un extraño recuerdo, ese semi-secreto que muchos hermanos comparten hasta adultos y que muy de tarde en tarde comentamos, como si algo en el interior de nuestras mentes quisiera llevárselo al olvido, era un niño fantasma, un ser nuboso corriendo entre los árboles a mitad del cerro, muy rápido, muy blanco e indefinido, sin embargo para nosotros, los hermanos Gálvez, era Gasparín, el de los monos animados, el fantasma amistoso. Recuerdo a mi hermano menor corriendo entre los arbustos riendo, y esa forma de niño fantasmal evadiéndonos durante largos diez minutos, tropecé, me sangraba la rodilla, me dolían los brazos, le gritaba a mi hermano que no se fuera tan lejos, no quería pensar en que pasaría si mi hermano chico se perdía en los arbustos, estaba muy asustado, pero con una rara sensación de ánimo, ya casi a mitad del cerro y con el corazón reventándonos en el pecho, mi hermano y yo, dos niños agitados y tratando de cazar a nuestro nuevo amigo fantasma, entre los árboles al sol inclemente de ese noviembre especialmente soleado y caluroso (el más caluroso de los últimos 50 años en Santiago) logramos llegar adonde finalmente se había detenido esta suerte de Gasparín casi en la cima del cerro, con una gigantesca virgen de piedra a nuestra espalda, mirándonos de soslayo logramos verlo bien, un cuerpo semi-traslúcido con forma humanoide y sosteniéndonos la mirada con un escalofriante par de ojos rojos...

Un frío recorrió mi espalda, el recuerdo se desvaneció de manera instantánea y frente a mi ante la virgen blanca, tal cuál como la recordaba con su pálida estampa angelical, se veía Santiago sur, con una capa gris de *smog* sobre las casas esa tarde, estaban también los grises árboles menos tupidos, más viejos y menos orgullosos, vencidos por los años de sol en sus hojas. Todo, absolutamente todo resultaba muy normal, la cantidad de luz, el calor, el cansancio, sin embargo, había un detalle que no me cuadraba, en el mismo cerro a mi derecha sobre la ladera un largo cilindro volador en un ridículo ángulo sobre la añeja ladera se mantenía quieto como si una mano mágica lo hubiera dibujado entre las nubes.

Saqué mi teléfono celular, tomé una instantánea y luego, nada, sigo pensando en por que lo tomé como algo tan natural, no le avisé a nadie, no dije nada.

Dos horas de camino y la misión estaba cumplida, los restos del antiguo Pukará estaban distribuidos de manera aleatoria entre nosotros, sólo algunos que ya lo habían visitado antes se movían con seguridad entre las antiguas rocas incas, en realidad no se trata de un Pukará es más bien una Huaca, un lugar destinado a prácticas de sacralización de la geografía y que contiene claramente la repartición tripartita propia de los centros ceremoniales incas, su forma de felino (un puma) era un claro índice de aquello, sobre el "Ushnu" nuestro maestro de ceremonias, nuestro amigo y guía traza con su brazo una línea imaginaria hacia la salida del sol en la cordillera de la costa, era como ser testigo de la fiesta del Inti Raymi, comenzaba a oscurecer y el viento se levantó con fuerza, sentí frío, otros temblaban no se si de frío o de nervios, pero se notaban sus labios crispados y sus expresiones de inconformidad, la sesión comenzó de a poco, cerramos los ojos, nos tomamos las manos y comenzamos a zambullirnos en el rito, recordé las clases de historia y la relación de los incas y las estrellas, Inti, Quilla, Chasca y Collca, ese nombre se me grabó en la mente, Collca era el nombre que los antiguos le daban a "Las Pléyades", las Siete Estrellas del Templo de la luna, como la tierna madre con sus hijas dibujando la conste-lación de Tauro. Ellas son el símbolo de la multiplicidad, del fraccionamiento, de la dispersión, porque representan la separación, como es el espacio lunar, pero a la vez de la Esperanza, porque su unión da lugar al Todo, al Sol, símbolo de la inmortalidad y de la unión, pero también al hogar de nuestros curiosos visitantes, los hermanos que con su sabiduría vienen a darnos su palabra y su mano brillante como los astros.

De izquierda a derecha comenzaron a caer en una suerte de trance, los asistentes iban cediendo a la somnolencia del trance, la luz blanca que penetraba los cuerpos, la "conexión", energías que entran y salen de los cuerpos en una danza de vibraciones y sensaciones que fluían desde arriba hacia abajo, en mi mente un pulpo brillante comenzaba a devorar con sus tentáculos la negrura de mi cabeza, vi con ese ojo interior mi cerebro llenarse de luces y pequeñas novas en toda la bóveda craneal, subía, como un Cthulhu en miniatura tomando posesión de su reino, de pronto, el extraño efecto de la "campana del silencio" el volumen del ruido exterior comenzó a disminuir como si una mano invisible le bajara el audio al mundo, en un par de segundos hubo silencio absoluto y luego un silencio ominoso, sepulcral, los chispazos de luz blanca en el interior de mi cabeza se repartían de manera descoordinada pero seguían, pulsaban como comuni-cándose con otras luminosidades, como si intentaran conectarse con "algo", nuestro guía nos pide no abrir los ojos, dejar que "ellos" se acerquen a nosotros, nos dice que ya están cerca, el aire a nuestro alrededor comienza a vibrar como si estuviésemos cerca de un generador eléctrico, un leve olor a cables quemados inundaba mi nariz, más allá de mis ojos cerrados comenzaba a percibirse un leve brillo como si alguien hubiese encendido un foco en un ángulo levemente agudo, había movimiento sin embargo tampoco nos atrevíamos a abrir los ojos, con lentitud, pero inexorablemente una voz claramente humana, pero con un acento extranjero comienza a hablarnos:

Amados, somos sus hermanos pleyadianos abriendo la Nueva Era de Luz en la humanidad. Estamos colaborando con la construcción de un nuevo ADN en la humanidad. Estamos enviando códigos para re−codificar su ADN energético y que poco a poco pueda comenzar a emerger la nueva humanidad que ya está latiendo desde el corazón de Gaia.

Llegamos a través del canal de Akrura (Richard), pasando por Kryon y su ser superior Aripaka, para hacerles llegar el conocimiento de la nueva siembra que estamos realizando en su ADN espiritual. Estos códigos llamados "Claves Tonales" son recibidos, reconocidos e interpretados por su ADN energético y tridimensional y lo que hacen es activar una nueva información para su evolución en el planeta Tierra. Somos los constructores del ADN que llevamos y llevan dentro. Somos quienes lo portamos desde el principio de los tiempos en este espacio del Universo en nuestra humanidad.

Sé que te sorprendes por el uso de esta palabra: humanidad. Sé que piensas que humanos solo son ustedes. Ser un humano significa amar y honrar a esta biología, por ello podemos decir que nosotros también lo somos. Tenemos nuestra propia humanidad.

Los observamos, los vemos crecer y recordamos que alguna vez nosotros fuimos como ustedes. Sabemos del potencial que vive en su interior porque conocemos el nuestro. Conocemos lo que sois capaces de hacer y llevar a cabo porque conocemos los alcances de ese Gran Código Divino que hace posible la vida terrenal en los diferentes planos del Universo y la galaxia.

"Dios es un código sagrado que llevas dentro de ti, bendito ser de luz eterna. Esa es nuestra codificación divina, la que nos permite ser y experimentar."

Colaboramos desde acá en la construcción de un nuevo camino. Transitamos a su lado y ayudamos en este gran proceso de transformación. Nosotros ya hemos transitado un largo trayecto, y como ustedes lo saben, nadie mejor que un viajero experimentado para acortarles el camino ahora y poder guiar a los que poco a poco comienzan a experimentar el cambio.

Vayan con paz a sus hogares sabiendo que nosotros, sus hermanos de las estrellas, os acompañamos y alentamos a seguir adelante, construyendo todos juntos un ADN reconectado con la fuente de energía esencial de Dios Padre—Madre de todos los reinos por toda la eternidad.

Y así es y será según lo dicta Dios.

Nos fuimos en silencio, con una profunda sensación de paz, nunca llegue a imaginar que esta experiencia sería solo el punto de partida.

VER PARA CREER

2 meses después...

LLa orden llegada desde los altos círculos de los hermanos mayores esta vez había sido; *"Preparad vuestros cuerpos para una señal sagrada, serán reales testigos de algo muy grande que se viene para ustedes y será esa noche"*...

Llegué en mi auto al punto de encuentro en la plaza de San José de Maipo, el cielo estaba teñido de un color violeta y la cordillera de los Andes se veía como la gran columna anaranjada de un imponente dinosaurio, durmiendo bajo el manto dorado del astro rey, partimos.

Los otros automóviles estaban colmados de rostros y sonrisas, las calles pasaban rápido, como en un sueño, el sol reptaba sobre la piel y los semáforos se coordinaban, como obedeciendo una orden superior para dejarnos pasar, era una guirnalda de verdes que llegaba hasta donde se perdía la vista.

Éramos alrededor de 15 personas que habíamos subido en caravana hasta la cúspide de Lagunillas, en la cordillera aledaña a Santiago, entre ellos, había varios conocidos que se pasean de cuando en cuando por los matinales de la televisión y uno que otro que hace su vida en los vagones del metro o en la locomoción colectiva.

Hubo una larga jornada de meditación y ayuno, en donde nuestro día fue cruzado por la trayectoria luminosa del astro rey de manera implacable.

Pasaron las horas, el sol se apagaba, el grupo de personas, hombres y mujeres se agolpaban sobre la piedra al borde del cerro, se mantenían en silencio o hablaban muy quedamente. De tanto en tanto elevaban sus ojos al cielo mirando las estrellas, tratando de adivinar sí alguna despedía una luminosidad distinta o se movía de manera poco usual, cualquier detalle que pudiese haber sido tomado como una "señal". Había una gigantesca luna llena y el olor a campo inundaba las narices de los asistentes a ese estrellado espectáculo nocturno, era una noche con olor a historias de alquimistas, una noche tal como la deben haber vivido los "iniciados" desde el principio de la historia de la humanidad.

De pronto el ruido de los grillos e insectos del campo cesó, un curioso logra descubrir una pequeña estrella titilante que se movía lentamente, finalmente los 15 logramos verla y ante nuestros asombrados ojos, la pequeña estrella comienza a describir una trayectoria poco usual, un movimiento que no podía ser otra cosa que inteligente, al llegar al cénit se detuvo y comenzó a crecer, alba, con cuatro haces de luz proyectándose como los brazos de una cruz luminosa, en pocos segundos estuvo sobre las cabezas de todos, quedamos en silencio, nadie habló, nadie gritó, solo mirábamos al cielo.

Lo que vimos en un comienzo como una estrella, tenía ya el tamaño de un gran camión blanco y brillante con los cuatro haces de luz refulgiendo en la noche, su tamaño debía haber sido al menos de unos 100 metros, en un abrir y cerrar de ojos la "nave" luminosa se deslizó por el cielo llegando a nuestra izquierda a unos 30 metros de nosotros, no podíamos mirarla fijamente, su brillo encandilaba, flotaba a unos 50 centímetros del suelo con una leve vibración, un sonido eléctrico inundaba el aire, en el costado de aquella luz gigante un círculo de alrededor de 3 metros de altura se hizo más y más opaco convirtiéndose finalmente en una O abierta y negra, desde su interior y frente a nuestros asombrados ojos surgía lentamente una silueta de apariencia humana, enfundada en un traje blanco de una extraña fosforescencia, ceñido con un cinto de otro color indefinible a la cintura, aquel hombre de las estrellas levanto la mano izquierda en símbolo de saludo y siguió avanzando por una plataforma de luz sólida que había surgido por debajo de la oquedad al costado de la nave, vimos que aquel hombre sonreía y ese gesto, nos dio la paz que anhelábamos, una vez que los pies de aquel "extraño" tocaron el suelo pudimos darnos cuenta de que quién había llegado a nuestro encuentro no era Arterys, Oxalc ni Arcturo, era nuestro querido

Richard en su forma estelar de Akrura, nuestro hermano transmutado en su esencia real, en la forma eterna con que le había investido el padre creador, con el brillo estelar del mensajero.

Con una voz que llenó el ambiente como si estuviese amplificada por el mismo aire circundante Akrura nos habló, con un semblante radiante como si todo en el brillara, por un momento recordé las sagradas escrituras:

"El ángel brillaba como un relámpago, y su ropa era blanca como la nieve. Al verlo, los soldados temblaron de miedo y quedaron como muertos…"

"Y sucedió que apartándose ellos de él Pedro dijo a Jesús: Maestro, bueno es para nosotros que estemos aquí; si quieres, hagamos aquí tres enramadas: una para ti, otra para Moisés, y otra para Elías; no sabiendo que le decía. Mientras él decía esto, vino una nube que nos cubrió; y tuvieron temor al entrar en la nube.

Y vino una voz desde la nube que decía: Este es mi Hijo el elegido, escuchadle. Y cuando cesó la voz, Jesús fue hallado solo, y ellos callaron, y por aquellos días no dijeron nada a nadie de lo que habían visto."

Así era como se veía Akrura, como un ser vestido de una luz cegadora, blanca refulgente como un ángel en la Tierra.

Habló con una voz potente, no como la que le había ahogado en sus últimos días, una voz llena de energía y verdad:

"Hermanos, amigos, el viaje para conocer el nuevo estadio de Dios en la Tierra se extiende desde la ignorancia a la sabiduría. En el proceso de transformación de un estado a otro comprendemos la esencia divina que está presente en la manifestación de todo lo que Es.

Sin ese viaje no podríamos sentir y experimentar una nueva vibración de amor. Gracias al camino de transformación podemos comenzar a ser conscientes de aspectos divinos de Dios que antes ignorábamos."

El aire se sentía electrificado, un leve zumbido dominaba el ambiente, Akrura no necesitaba de amplificadores para ser escuchado, sentías su voz en tu cabeza, entre tus pensamientos, el mensaje llegaba con fuerza, claro, definido.

Hizo una pausa, nos miró y nos dijo:

"Sois los embajadores de la buena nueva, repartid la palabra por que el tiempo ha llegado, no hay lugar para la espera..."

Luego dio media vuelta, se metió por el costado de aquel aparato, al cabo de unos pocos segundos una brillante luz proveniente del centro de la nave nos enceguecció, hubo un leve rugido y la nave comenzó a subir lenta, pero inexorablemente, llegó a alrededor de unos 150 o 200 metros por sobre nuestras cabezas, destelló y partió a una velocidad incalculable.

Había muchas claves que debíamos descifrar, sobre todo aquellas que se nos hacían más comunes, los sonidos, las imágenes, de entre ese cúmulo de sabiduría saqué algo que recordaba haber leído previamente y que me hacía sentido con lo que le había escuchado a Richard:

El misterio de las claves tonales.

Las Claves Tonales Pleyadianas son una nueva codificación para nuestro ADN energético.

Esta re-codificación se realiza a través de la Columna Vertebral: nuestro sostén y estructura primordial en el cuerpo humano. La Técnica posee en total 73 Claves Tonales para sanar y activar diferentes energías que nos ayudan a...

"Evolucionar hacia la nueva energía de luz y amor".

El mensaje de Akrura ¿Estaba refiriéndose a esto? Volví tarde, shockeado con la experiencia, sin embargo, me di el tiempo para revolver los documentos que me dejó Richard, no encontraba nada.

A pesar de esto, sabía que en algún momento esta duda sería resuelta, y que quizás era una duda que todavía tenemos todos los que subimos ese cerro al abrigo de la noche.

MENSAJE A MEDIANOCHE

Había sido una semana complicada, la reunión nocturna con el mensajero y la posterior sesión de búsqueda me habían dejado cansado y con la cabeza dando tumbos entre seres extraterrestres, naves, montañas y ancianos estelares entregando claves misteriosas.

Pasé la tarde mirando los dibujos y manuscritos de Richard, viendo las delgadas formas esbozadas por un anciano postrado por una terrible enfermedad, los vivos colores naranjas, amarillos y rojos abundaban sobre líneas y curvas perfectas de esas hechas con regla y transportador, a la antigua, me sorprendió ver como me conectaba con esos dibujos, me hacían pensar en mi propio padre que debía tener una edad muy similar a la de Richard.

Pasó el día y ya muy tarde creo haberme acostado, tan agotado que la verdad no me costó conciliar el sueño, sin embargo, muy cerca de la medianoche algo pasó, abrí los ojos y había una negrura absoluta y mucho silencio, no pude calcular si diez minutos o una hora después comenzó a moverse algo entre las sombras, yo inmóvil empecé a ser presa de un pánico atroz, incontenible, mi corazón se aceleró y mi desesperación era insuperable, la habitación se iluminaba muy suavemente y frente a mi cabeza 3 luces, una roja, una verde y una blanca del tamaño de una pelota de ping pong, girando frente a mi, rápidas, destellantes, elementos fuera de toda lógica surgida de la nada y cuya explicación merecería páginas y páginas de argumentos ficticios y acomodados, un detalle me hizo intentar fijar la vista en aquellas extrañas luces, un poco detrás como siguiéndolas otra luz azul más pequeña y pulsante seguía esta "danza macabra" silenciosa e hipnótica, otra vez el ruido ambiente había sido puesto en *"off"* por la mano invisible del destino, era como si hubiese sido puesto en un cajón aislado, sin embargo yo sabía claramente que no había salido de mi cuarto.

Mi cuerpo se estiraba, cada vez más grande hasta llegar a tener el tamaño del universo, yo era todo y todo estaba en mi, presente, pasado, futuro todos los estados en una sola condición, interna y externa, mi cuerpo era el universo y el universo era yo, las estrellas estaban en mi pecho y en mi cabeza, no, no estaba soñando, era todo tan real como el papel del libro que usted lee, las luces comenzaron a girar tan rápido que se fundieron en una blanca argolla luminosa, me sentía viajando por las profundidades del espacio y estaba en el mismo lugar siempre, voces se fundían dándole forma a palabras sin ningún sentido, había tonos graves, agudos, suaves, a veces eran sólo susurros, otras veces eran prácticamente alaridos que me aterraban, sin embargo en mi infinitud me resultaba imposible moverme, aunque era inútil por que no había necesidad, yo era del tamaño del universo, estaba en todas partes a la vez, mi conciencia era infinita, omnipresente.

Una suave vibración inundaba el ambiente, tenía un carácter eléctrico y con cierto aroma a ozono, mi cuerpo seguía en aquel estado catatónico, pero mis ojos estaban despiertos vivos y se movían a una velocidad increíble, tuve la sensación de ver hacia atrás, hacia lo que había en mi nuca y espalda, era una visión total, 360º esta sensación de no tener que cerrar los ojos por que tu visión está detrás era lo más extraño que he sentido en mi vida, saber que tienes los ojos cerrados y poder mirar es asombroso, incluso no era necesario parpadear, lo veía todo...

Pasaron dos minutos y esos ruidos parecidos a voces comenzaron a "*sintonizarse*" en un trígono artificial, mecánico, plástico como emitido por un vocoder, de esos de los discos de "*Isao Tomita*", empecé a distinguir una voz semi humana, decía:

Mensaje, mensaje... Pausa de 30 segundos.

Pax... Adonay... Pax... Pausa nuevamente, no se cuanto tiempo hubo silencio.

Luego...

No tengáis temor: soy yo. Soy yo quien os recuerdo el pacto, quien os recuerda lo que os dije en un tiempo: *no os dejare huérfanos regresare en medio de vosotros y entre todos aquellos que han creído y esperado en las promesas del padre glorioso.*

No tengáis temor, hijos e hijas de la tribu de aquel que elegí para quedarse con vosotros en el mundo, para que se cumplieran los designios divinos.

No tengáis temor: *soy yo que os doy mi paz.*

Después hubo solo silencio.

El despertar fue complejo y cansado, era ya muy de día y me sentía como si un grupo de elefantes desbocados hubiese pasado sobre mí. Fue una noche sin descanso recibí casi al instante el llamado de un gran amigo, Esteban Lucero, ex Rhama, un amigo de esos que les respondes el teléfono aunque sientas que la cabeza te va a estallar o te encuentres en la mejor fiesta de tu vida, me habló de una extraña sensación que lo había invadido durante la noche y que extrañamente (para mi) había soñado conmigo... no le comenté nada de mi experiencia, preferí callar, me duché y partí al trabajo, pensé que iba a ser un día normal, pero no contaba con que los sucesos de esa tarde iban a ser más extraños aún.

Esteban me hablaba de la "subida" que íbamos a hacer el miércoles próximo, trataba incansablemente de convencerme de que la única vía de "posible" contacto era en una jornada de meditación (cosa a la que insisto yo era muy reticente por que consideraba que era muy poco razonable esa vía para comunicarse con un "algo" fuese lo que fuese).

Su respuesta fue: *"No es el momento para jugar al escéptico mi amigo".*

CUATRO JINETES DEL APOCALIPSIS

Primer Jinete

"Y miré, y he aquí un caballo blanco, y el que lo montaba tenía un arco, y le fue dada una corona, y salió venciendo para vencer".

Segundo Jinete

"En eso salió otro caballo de color rojo encendido. Al jinete se le entregó una gran espada; se le permitió quitar la paz de la tierra y hacer que sus habitantes se mataran unos a otros".

Tercer Jinete

"Miré, ¡Y apareció un caballo negro! El jinete tenía una balanza en la mano, y oí como una voz en medio de los cuatros seres vivientes que decía —un kilo de trigo, o tres de cebada por el salario de un día, pero no afectes el precio del aceite y del vino".

Cuarto Jinete

"Miré, ¡y apareció un caballo amarillento! El jinete se llamaba muerte, y el infierno lo seguía de cerca... Y se les otorgó poder sobre la cuarta parte de la Tierra para matar por medio de la espada, el hambre, las epidemias y las fieras de la Tierra".

Cuatro Jinetes del Apocalipsis, por Viktor Vasnetsov (1887)

ENCUENTRO CON ENTIDADES OSCURAS

Cerca de las 8 de la tarde del lunes recibo un llamado de un número "Desconocido", cuando contesto, una voz muy extraña me saluda y me expresa que había tenido que contactar al medio donde trabajaba para conseguir mi teléfono (a esas alturas de la conversación yo me preguntaba ¿Quién habría tenido la mala idea de dar mis datos a un desconocido?).

Mi número personal estaba prohibido para el público, era imposible que alguien de mi trabajo lo diera, personalmente había estrictas ordenes de "no" entregarlo a nadie y menos por esa vía, me sentí muy irritado, pero era evidente que no podía trasladar mi rabia con alguien que no sabía si tenía la culpa del desaguisado. Con algo de desazón le pregunte al hombre al otro lado del aparato:

— *¿Qué necesita de mi?*

Luego de una breve pausa, escucho

— *Necesito reunirme con usted de manera urgente, es sobre su trabajo, sus amigos y todos nosotros en realidad.*

Luché contra mi habitual desconfianza y decidí citarlo en un lugar con mucha gente y donde habría resultado imposible cualquier cosa, el café y heladería "Tavelli" de Manuel Montt con Providencia era el lugar perfecto, la cita quedó en jueves a las 13:00 horas.

Llegó el día y a esa hora era presa del hambre, salí raudo de la oficina y baje por el ascensor, al abrir la mampara me encontré con un sol enorme, pero frío, me dio de lleno en la cara, entrecerré los ojos y crucé demasiado desprevenido la calle.

Casi ni me di cuenta cuando ya estaba sentado esperando mi almuerzo, me sentí tranquilo en presencia de los comensales que habitualmente veía al salir a comer, era ya la hora señalada. Entre la bulliciosa muchedumbre y desde la amplia entrada en frente, diviso a un hombre alto, calvo y de terno oscuro que camina seguro hacía mi posición, se sienta enfrentándome, sin saludarme. Lo miré, un par de detalles en su aspecto me parecieron curiosos.

Lo primero, su cara parecía hecha de cera, de un inusual tono gris, se veía claramente incómodo, parecía que el traje y la corbata lo estaban matando, y diría que todo él desentonaba en ese ambiente de cucharas y platos tintineando.

Lo segundo, las gotas de sudor le perlaban el rostro, como si estuviéramos en pleno verano. Ese año, estábamos pasando un otoño poco habitual, la temperatura no era la suficiente como para provocar el calor que parecía tener el invitado.

El hombre alto me miró a los ojos, sentí incomodidad, su mirada no era normal. Aquellos ojos eran grises y daban la impresión de no tener vida, como ojos de maniquí, su voz atiplada y carente de toda inflexión era absurda pero intimidante.

No me da su nombre y con una voz demandante me pregunta por "mis encuentros, mis experiencias, mi relación con "Richard", sentí mucho miedo, pero era incapaz de moverme, comencé a sentir un suave pero constante zumbido taladrar mi cabeza, le dije (apenas) que no tenia nada que contarle.

Hice un esfuerzo para olvidar el zumbido, solté un:

— *¿Quién eres? ¿Por qué estas preguntándome estas cosas?*

No me respondió, solo me dijo:

— *"Pertenezco a un grupo que trabaja en beneficio de la humanidad, liberando al mundo de los demonios que lo apresan, que lo conjuran, nos reunimos en secreto para no levantar sospechas... Sabemos que usted ha estado en contacto con entidades que nosotros consideramos parte del "gran engaño", mi amigo libérese de ellos, no le harán ningún bien".*

— *"Deme su dirección para ir a verlo..."*

Me negué, quise echarlo, pero al instante el zumbido aumentó y un dolor de cabeza me partió el cráneo en dos, mi visión se nubló y me puse de pie, a gente a mi alrededor me miró asustada. No se cuantos segundos pasaron, tuve nauseas, me pesaron los hombros, caí sentado y solo atiné a amenazarlo con un llamado a la policía, cerré los ojos un instante, levanté la vista, frente a mi ya no había nadie, era como si el extraño se hubiese "esfumado".

Aquel extraño media unos dos metros, de hombros anchos, 150 kg. Vestía un largo abrigo negro de tela, ojos saltones, como si padeciese de tiroides, casi saliendose de las órbitas, disléxicos, cada uno mirando hacia un lado distinto.

Su voz resonaba todavía en mi cabeza, era metálica, monótona y fría, algo muy extraño quedó dándome vueltas, desde el borde de su terno y desde dentro de su camisa un brillante cable verde sobresalía anudándose en su dedo meñique. El aspecto que tenía aquel "hombre" no difería mucho de los seres biomecánicos vistos en algunas películas actuales de ciencia ficción. Su tez era blanca y pálida como si nunca hubiese estado vivo.

Durante los días que siguieron recibí numerosas llamadas del número "Desconocido" a altas horas de la noche, al responder del otro lado solo recibía silencio, ninguna respiración perceptible, ni un signo que me hiciese pensar en alguien que estuviera esperando mi voz del otro lado, Todo eso resultaba inquietante y morboso, tenía una extraña sensación de amenaza, como si un gigantesco pájaro negro rondara ominosamente sobre mí.

Al cabo de tres semanas los llamados se detuvieron sin razón aparente.

LA DUDA

Era un día inusual, a pesar de la época del año hacía calor y eso era incómodo, acrecentado por el hecho que hay muy pocas cosas que me incomoden más que ir acumulando "cabos sueltos" (y el calor), lo sucedido en el cerro, la extraña visión a medianoche, la reunión con el extraño personaje y este impulso incesante de buscar un "algo" que ni siquiera tengo idea que es, me revolvía el estómago, intenté almorzar sin éxito.

MENSAJE

Más tarde quise descansar, me recosté cerrando los ojos demasiado agotados como para pensar en algo, la oscuridad me abrazó, soñé, no recuerdo ese sueño.

Apenas sonó mi despertador me lancé sobre los documentos de Richard o Akrura, saqué unos papeles algo arrugados que estaban con un clip y un post-it rosado con el rótulo de "importante" (transcribo):

(1998) La Tierra está a punto de pasar de tercera a quinta dimensión.

En nuestros mundos las especies humanas viven como una gran familia en sintonía con los principios universales del amor. Ustedes están en este pasaje y no todos los mundos lo superan sin destruirse, pero ustedes eligieron hacerlo. De hecho, cada vez que un planeta trata de trasladarse de un nivel de evolución al siguiente, se producen fenómenos que antes no se conocían. Esto es dictado por la entrada de frecuencias más altas, y que nosotros, las Familias Galácticas enteras, estamos introduciendo en su planeta...

— *Pleyadianos, Arcturianos, Andromedanos, Cereanos, Sirios y muchas otras civilizaciones de quinta dimensión, conocidas como los Grandes Consejos de la Luz, estamos aquí ahora reunidos para trabajar para traer luz a su planeta...*

— *En nuestra dimensión no hay pasado, presente o futuro, sino que solo hay la Eterna Unidad con el Creador de todo. Venimos a ustedes porque son parte de nuestra querida familia ampliada y Gaia, como todos somos una sola extensión de la misma eterna energía que la Creada. Lo que les está sucediendo y les sucederá, es sólo parte del proceso de Ascensión Planetaria y no necesitarán músculos para luchar, ni el intelecto para entender, la Fuerza Divina dictará ley: La fuerza del amor...*

— *Distribuimos energía femenina divina muy poderosa que les llega de su sol en forma de fotones o rayos cósmicos. Sepan que el amor triunfará porque es el propósito más grande del universo. Como todos ustedes tienen niveles de conciencia y evolución diferentes, estamos distribuyendo esa energía de diferentes maneras porque cada uno de ustedes la retiene o la rechaza de manera diferente...*

— *Quien elija rechazarla, vivirá fuertes tribulaciones. Desde hace tiempo nuestras naves están alrededor de su planeta y entre nuestras tareas también está modular la luz puesta por el bien de la colectividad y variar sus entradas en proporción a sus formas de pensamiento y acciones colectivas. En nuestros mundos no hay naciones, presidentes o comandantes; colaboramos entre nosotros porque hemos elegido alcanzar cierta evolución. Si surge un imprevisto, nuestros sabios se reúnen para tomar una decisión por el bien de la colectividad...*

— *Dedicamos también parte de nuestro tiempo a ayudar a los mundos menos evolucionados, dentro de los límites del plan de ayuda que incluye el respeto del libre albedrío.*

— *Nuestros científicos colaboran en proyectos orgánicos, geológicos de toda la galaxia e intervenimos también en la recuperación de "Gente Amorevola" (término It. se usa para referirse a gente amorosa, cariñosa) cuando están en peligro en su mundo, permitiendo a aquellos que han alcanzado un buen nivel de pureza evolutiva, vivir en otro lugar y encontrarnos. Solo con gente buena se puede crear una civilización en la que se puede vivir y dormir en paz!*

— *No conocemos la venganza, el miedo, el abandono, la posesión, aquí nadie compra y nadie vende y si alguien necesita algo, la toma la usa y la pone donde estaba a disposición de todos. No conocemos la muerte como hecho cruel de cómo ustedes la entienden, sino solo como cambio de estar donde el alma vive en otra realidad eterna e inmortal. De nosotros no hay ganadores o perdedores y nadie actúa para hacerlo mejor que el otro o para competir, sino solo para colaborar o apoyar la " semilla productiva" por el bien de todos....*

— *Somos parte de una sola Familia Galáctica formada por 52 Naciones Estelares y Consejos de Luz, todos a disposición del único Plan Divino....*

— *Mientras monitoreamos su progreso vemos que sus líneas temporales cambian y nosotros nos movemos si ustedes se mueven y mientras ustedes se mueven, nosotros nos movemos, es sencillo. Así que fluyamos y refluyamos con su progreso. Como colectivo son ustedes los que cumplen con sus líneas temporales, empujando las probabilidades de las consecuencias en muchas direcciones diferentes, a causa de sus formas de pensamiento y acciones, en muchos Algoritmos Quánticos diferentes... Así que nosotros, como su Familia Galáctica seguimos enviando Energía a ustedes y en su planeta a diferentes intervalos, y nos preparamos para los primeros "contactos" con ustedes haciéndonos visibles...*

— *Nuestra primera directiva es estar en un universo libre albedrío y respetar el libre albedrío de todos. Protocolo que puede ser eliminado si la masa crítica de la Federación Colectiva Planetaria requiere nuestra ayuda. Ustedes pidieron nuestra asistencia de acuerdo con sus familias galácticas. Podemos manipular las líneas temporales y ponerlas en la dirección correcta del Colectivo. Esto es en lo que os mudáis como Colectivo Galáctico de Amor...*

— *Según su proyecto de alma, has mantenido y alimentado demasiadas formas de pensamiento negativas y duales y, todo esto, ha creado obstáculos en tus líneas temporales privadas y colectivas futuras que nosotros bien vemos con antelación a tu tiempo. Recuerden que ustedes eligieron este planeta y venir como un alma lista para aprender y evolucionar ayudando y apoyándose y que el promedio no hace o lo hacen bajo el filtro de limitaciones. Aquí estamos con ustedes apoyándolos en este paso que unirá su planeta a las federaciones de Humanos Galácticos que viven en la abundancia. Aquí también llegó La Edad del Oro.*

— *A partir del 11 de septiembre de 2020, miles de nuestros buques comenzarán a amarrarse alrededor de la Tierra y ustedes recibirán poderosas influencias de Rayos de luz gamma. Sus cuerpos auriculares se sumergen en dosis masivas de luz para activar la conexión con el 5º piso. Imaginen su Sol como un gran condensador liberando luz de alta frecuencia como nunca antes. Un apogeo de gran ola será descargado el 20 de marzo de 2021 en su equinoccio de primavera....*

— *Durante ese portal, el sol central brillará de olas luminosas de colores como el arco iris y será visible para todos. Más olas estarán en sus solsticios y equinoccios de este nuevo año 2021. ¡Nosotros Pleyadianos y Andromedanos y muchas más razas de la Federación Galáctica de Andrómeda estamos aquí para ayudarlos en esta gran época y los apoyaremos hasta que todas las cosas se cumplan! Les pedimos que tomen en serio su evolución espiritual y hagan todo lo posible para eliminar todas las energías de baja vibración de su ser y comiencen a vibrar con formas pensamiento de verdad más alto...*

— *En este momento hay muchas discusiones en su planeta, de economía, política, cábala y también otras razas negativas, que tratan de poner la moneda única en la Tierra pero nosotros, en la Federación Galáctica de Andrómeda, no pensamos que sea una buena idea. ¡El sistema monetario actual, debe desaparecer para siempre! Porque lo que te mantiene esclavo, es lo que ustedes llaman dinero...*

— *Saludos de la Federación Galáctica de Andrómeda.*

Con amor.
Akran Elish Swandi
Comandante estelar.

Para mi mente, este texto no se diferenciaba en nada de muchos otros que había leído de puño y letra de otros supuestos "contactados" en algunos libros, incluso hasta en Internet y que se suponen dictados por los hermanos mayores, sin embargo, muy dentro de mí no dudé ni un segundo de la originalidad del mismo.

Recordé la oportunidad en la que Richard me contó como fue que se le otorgaron los cristales de Cesio al interior de una nave espacial en el Cajón del Maipo.

Se supone que los cristales de Cesio son aumentadores de tu capacidad mental y espiritual para generar el contacto con estos seres que viven en las capas más altas de la realidad, también como catalizadores de la luz violeta y en el caso de Akrura generar una energía capaz de modificar el estado de algunas moléculas y para ayudar en el tratamiento de algunas enfermedades incluso, reemplazando la efectividad del Cobalto al influír sobre las células cancerígenas, eliminándolas.

Richard había sido iniciado hace ya varias décadas, se le entregó su nombre cósmico; Akrura, los cristales de Cesio, el conocimiento de los Xendras y el misterioso tercer cristal, que aún yo no encontraba entre las cosas de Richard, eran las señales del alto grado de confianza y reconocimiento por parte de los guías extraterrestres al debido proceso de contacto que había logrado con su gran amor por el prójimo y su demostrada fuerza de voluntad.

Estos elementos habían acercado a Richard a uno de los grados más altos dentro del desarrollo espiritual y mental que puede alguien lograr siendo calificado de verdadero maestro por mucha gente de la que me tocó conocer y entrevistar.

Richard durante su juventud había participado activamente del ambiente bohemio sin embargo después de sus primeros encuentros con estos seres extraterrestres, emprendió una búsqueda espiritual y un acercamiento a la comida exenta de carnes y excesos, según sus guías esa es la manera de potenciar las energías internas y lograr que la luz violeta que emanaba desde los cristales de Cesio brillara con mayor potencia y fuera vista por los guías. Estas condiciones eran las óptimas para lograr expandir la conciencia como se esperaba de los "elegidos".

Al recibir el nombre cósmico el ser comienza a resonar y vibrar en concordancia con las altas esferas espirituales en el universo, Akrura debía ser recitado, vocalizado, mantralizado para que su pronunciación vaya adquiriendo la musicalidad y la sonoridad necesaria para vibrar con su energía crística hasta los confines del universo, como lo manda el creador.

Su pronunciación permite coordinar de manera efectiva las vibraciones espirituales del ser humano con las de las conciencias superiores logrando así, la comunicación perfecta y sin interferencias propias de una mala señal y una mala recepción al permitir que su entonación y afinación no se correspondan con los sonidos que han sido diseñados en el Universo para ello, por ello debemos quitar los vicios y las malas conductas de nuestro vivir para así lograr limpiar esta vibración sónica cuya finalidad es elevarnos hasta lo más profundo del espacio infinito.

La meditación unida a los sonidos "sagrados" provoca que la mente ingrese a un estado de vibración "gamma" que estimula a las neuronas y las hace extender su radio de acción sobre los elementos que nos llevan a comprender la realidad y ver la misma en una condición ampliada, en donde nuestros sentidos serían bombardeados por estímulos a los que no accedemos normalmente, tras este proceso se encuentra la comunión con estas entidades, con estos hermanos de otra realidad, los que al parecer dominan estos métodos de manera fácil y es lo que les permite la comunicación mental que utilizan con nosotros.

Son maestros que sin subyugar, no esclavizan ni imponen y nos dejan siempre lugar para el desarrollo y la producción de la mente de los contactados.

Estos seres, que tienen cuerpo físico, no siempre ser presentan de esa manera ante los contactados, muchas veces se comunican utilizando estas ondas cerebrales para transmitir sus mensajes e instrucciones, logrando que nosotros como alumnos de la humanidad vayamos emprendiendo el camino de la superación intelectual y espiritual.

LANZA DE LUZ

Llegó el día de la prevista reunión en Lagunillas, en plena cordillera, Saulo y mi amigo Esteban ya tenían listo todo para encumbrarnos hacia las alturas aquella noche, pasaron por mi unas horas después de ponernos de acuerdo en lo referente a que ropa llevar, que cosas para tomar y no morir de frío. Mientras íbamos por la carretera el sol comenzaba a bajar y el horizonte se teñía de rosa y naranja, las nubes como motas de algodón se pintaban de color fuego y el sol era un circulo de un amarillo intenso y gigante, por el otro lado las laderas de la cordillera de los andes brillaban con un violeta rojizo intenso, un espectáculo de colores y de vida, diseñado para la vista.

El camino de subida hacia Lagunillas esta lleno de curvas y se mueve en un espiral interminable hacia su meseta más alta, es un lugar especial, una región en la que se dice hay muchísimos avistamientos, de hecho unos días antes, Gabriel Romero, un abuelo de 76 años que vive camino a la cumbre de Lagunillas, me había contado un extraño suceso, ocurrido una semana antes de nuestra planificada subida a aquel enigmático lugar:

— *"Iba hacia mi casa que se encuentra de subida de la carretera G56 del Cajón doblando para entrar a la calle que me deja en casa, frené un poco por que delante de mí iba otro coche que quería doblar hacia la misma ruta, me di cuenta de que se habían quedado mirando el cielo, fue entonces que noté el fenómeno. Estaba oscureciendo ya, entre 20:30 y 21:00 hrs, no lo recuerdo con mucha precisión y a una altura que tampoco recuerdo bien, vi una especie de "halo" ovalado con bordes difuminados de color anaranjado vivo con un centro de un tono blanco "sucio", descendía hacia el suelo, bajaba a mucha velocidad vertical, pero como cuando cae una hoja seca, pensé en un helicóptero o un aerolito. Los ocupantes del auto de adelante me hacían señas y algo escuché que decían "un satélite", entre esos dimes y diretes de un auto a otro, el supuesto "satélite" se elevó verticalmente sin cambiar su diámetro aparente, que según calculo era similar al de la luna, aunque como era elipsóide, lo ví de esa manera, no podría decir con claridad si lo era, mientras el objeto subía iba acelerando ganando más y más altura, entonces y muy de pronto, de un momento a otro se desvaneció, era como si se hubiera apagado, al cabo de unos segundos no lo ví más".*

El relato del anciano me hizo pensar que quizás habría algún tipo de conexión entre ese suceso y el hecho mismo de subir a la cordillera, a lo que fuera.

Pedí a Saulo detener el auto en el mismo lugar en el que supuse Romero había visto ese objeto, calculando, en el sitio de los hechos, que era perfectamente factible divisar un objeto así de grande, no había cables ni postes ni barreras naturales, tampoco era luz de Santiago, ya que la ciudad queda hacía atrás, a espaldas del observador.

Volví al auto, algo había en toda la situación que me hacía sentir incómodo. Minutos después ya los focos del auto brillaban iluminando el sendero hacia la cúspide, ratones y uno que otro búho huían de las luces y las piedrecillas crujían bajo las gomas de los neumáticos en cada curva y en cada ascenso.

Mirar esa meseta desde donde se domina Santiago y la cordillera de Los Andes es un espectáculo sobrecogedor, se te achica el corazón, los puntos luminosos de la ciudad resaltan muy vivos, se mueven al compás de los semáforos y los edificios de manera aleatoria. Por el otro lado, la silueta de las montañas se dibuja inmensa, como si un niño gigante hubiese imaginado y cortado la columna vertebral de un coloso durmiente, dándole forma con sus rechonchos dedos de Pantagruel, una figura negra, absoluta y maciza, imponente.

Comenzaba a hacer frío, nos abrigamos todos al unísono, la cámara que había llevado captaba de manera impecable la negrura de la noche con su filtro infrarrojo. Después de unos minutos Esteban nos pide reunirnos, nos explica que el momento era propicio y que si queríamos tener la experiencia completa debíamos buscar en nuestro interior y liberarnos de las trabas de la vida diaria, lo mejor era comenzar a meditar.

Esta práctica meditativa Esteban la venía realizando desde hace 25 años por consejo de una de sus profesoras de la Enseñanza media, coincidentemente la mujer docente era la madre de un antiguo amigo mío, Sergio Litz. De pie frente al macizo andino, nos tomamos de las manos, yo observaba la escena un poco incrédulo y no estaba tomando la circunstancia como debía ser, me reconvine, cerré los ojos y me dejé llevar por lo que sucedía, reflexioné y sentí que un cambio de mentalidad podría facilitar las cosas.

Esteban hablaba con voz calma, nos pedía vaciar nuestras mentes, que dejáramos que la energía blanca del todo nos tocara y pasara por nuestro cuerpo. El hombre, quería que pudiéramos sentir, percibir, exentos de prejuicios, que desde lo alto, la vibración del cosmos nos inundaba, que esta nos bendecía, conectando al universo con nuestras almas, con la planta de nuestros pies, llegando con su poder al centro radiante del planeta.

Sean paz, vibren con la frecuencia del planeta, respiren acompasados como respiran los árboles y sientan como los rayos de luz blanca del universo los atraviesan y llegan al centro del planeta conectando el alfa y el omega, haciendo que arriba y abajo sean lo mismo, sin diferencias, inhalar y exhalar con el ritmo del planeta, sintiendo Gaia como un organismo vivo que nos envolvía con su paz y su energía conectándose átomo a átomo cada una de las partículas de luz de los rayos cósmicos que nos llegaban desde lo más profundo del universo.

Miré las estrellas, entre el manto negro del cielo destacaban como pinchazos en el terciopelo silencioso, parecían pintadas, irreales, como si de pronto la cúpula negra sobre nuestras cabezas se fuera a romper o a cambiar y esta boveda de parafernalia dejara de ser el monumento imponente y eterno de nuestros sueños...

Llevaba más de tres horas mirando hacia el infinito, el cuello me molestaba por la incómoda posición de buscar algo, forzando la nuca. Éramos tres personas a medianoche esperando alguna señal, un pequeño signo que confirmara nuestras expectativas. El camino hacia Lagunillas había sido lento, no era fácil subir tanta curva de noche y en la cima ya los reiterados intentos de tomar contacto con "ese algo" nos tenían agotados, llevé una cámara de vídeo que estuve usando por más de una hora, no pasaba nada, finalmente la guardé debido a la ausencia de eventos que registrar, en mi interior ya me sentía un poco decepcionado. Minutos después me encontraba fumando con Esteban sentado sobre el capó del antiguo Toyota, Saulo había entrado a buscar un café que tenía guardado en un precavido termo.

Uno muchas veces no pone atención a lo que lo rodea porque está ahí como siempre, inamovible, los pájaros nocturnos batían sus alas, algunos caballos rebuznaban no muy lejos, escuchaba grillos, una multitud de ellos cantaba a lo alto sus canciones initeligibles, pero bellas. En el negro de la noche la realidad comenzó a cambiar, una mano gigante empieza a bajar el volumen del entorno, el extraño silencio comienza a inundarlo todo. Sin lugar a reacciones, mi cerebro nota la diferencia, me pongo en alerta, Esteban se veía un poco incómodo. Desde que Saulo se mete al auto hasta que un movimiento a la derecha me distrae, siento que ha pasado una eternidad.

Giro mi cabeza rápidamente en dirección a la silueta de la cordillera de los Andes que quedaba a mi izquierda, percibo que Esteban hace lo mismo casi al unísono, a lo lejos, un pequeño brillo resalta entre las montañas desde un vértice entre el Marmolejo o quizás desde el San José, no lo tenía claro, pero aquella luz crecía, aumentaba en un haz verde esmeralda, no hubo ningún sonido mientras esta fosforescencia crecía como un dedo delgado, moviéndose en 45 grados hacia el infinito, la columna estaba formada por una especie de humo verde de distintas tonalidades, espeso, como el de los cigarrillos. Mientras lo contemplaba, mi cerebro esperaba que el ángulo de esta fumarola verde decayera -pensando que pudiera tratarse de un proyectil piroclástico, producto del estallido de un volcán- pero eso no pasó, este cigarro largo de humo siguió creciendo y adquiriendo velocidad, en su punta, nació un brillo distinto de un tono levemente naranja rojizo, como una tapa de refresco, todo este espectáculo resaltó como un grito estridente en la negrura y el silencio de la noche.

La esperada explosión nunca llegó, todo seguía en "mutis" como una tumba a campo abierto, la estela esmeralda brillante ya tenía un tamaño que pienso fácilmente habría superado los quinientos metros. Ante mi asombro la luz se apaga, de la misma manera que se desvanecía la imagen de las televisiones antiguas, en un parpadeo que iba desde los bordes hacia el centro, irreal, surrealista. El paso de este objeto deja en el cielo una sutil línea esmeralda, muy delgada, que se mantiene cruzando el firmamento. Fueron quizás tres a cuatro segundos, nada más, pero que para mi percepción duraron media hora cada uno. Saulo saca la cabeza del automóvil y nos mira preguntando.

- *¿Qué pasa? Están blancos.*

Anonadados, guardamos silencio, intentamos explicarle a este médico, ufólogo aficionado, lo intenso de la experiencia, pero era difícil, casi imposible. Le contamos todo, con lujo de detalles, desde como el tiempo se estiró de manera inexplicable hasta las ciclópeas dimensiones del rayo verde, Saulo nos escuchaba atentamente, guardando silencio.

Nos tomamos un café tibio en la oscuridad, estábamos atónitos, no queríamos hablar. El frío nos convenció que teníamos que volver, nos subimos al auto, nadie se miraba, ví a Esteban de reojo y se estaba secando las mejillas, en el largo viaje de regreso, volvimos a zambullirnos en las luces y semáforos de Santiago de Chile. En el oscuro interior del carromato, me di cuenta, que esa extraña lanza de luz era la señal que dentro de mi alma había estado esperando.

LA REUNIÓN

"They'll say my mission saved the world
And I stood proud
My mission changed the world
The underground will rise and
Save this world we'll all stand proud
Our mission changed the world, we'll change the world
We'll all stand proud..."

(Geoff Tate, Chris de Garmo).

"Dirán que mi misión salvó al mundo
Y me siento orgulloso
Mi misión cambió el mundo
Nos levantaremos desde el fondo
Salva este mundo, todos estaremos orgullosos
Nuestra misión cambió el mundo, cambiaremos el mundo
Todos estaremos orgullosos ... "

(Geoff Tate, Chris de Garmo).

CARTA DE RICHARD A SANTIAGO GÁLVEZ

Transcribiré directo del original:

La nave descendió a la hora que me había señalado la psicografía* del 31 de octubre, exactamente en el lugar predicho, ladera nororiente de Lagunillas, la hora 08:00 pm, todo era como estaba escrito, sin fallas ni cambios. Por sus características era la nave de Yarentis, la clara insignia del león en su costado me lo indicaba.

Pasaron solo un par de minutos y la reluciente embarcación ya estaba aterrizada frente a mi, el puente ígneo de luz solida había bajado y Yarentis, la bella mujer ufonauta, venía caminando a mi encuentro, a dos metros de mi se detuvo, levantó su mano en el símbolo de la paz del Universo y yo la repliqué.

— *Hermano Akrura, me dijo con una voz plateada, chispeante, llena de una sincera alegría, esperaba nuestro encuentro con mucha ansiedad, el gran maestro creador me ha pedido llevarte al planeta Lith, donde te reunirás con Oxalc y Kavris para discutir un importante asunto sobre tu "misión".*

Sorprendido por la repentina declaración le pregunté:

— *Yarentis, pero ¿Cuánto tiempo estaré afuera? Mi familia se preocupará por mi.*

Ella, con una dulzura angelical en su rostro me respondió,

— *Hermano Akrura serán sólo minutos en tu tiempo terrestre debido a la mayor gravedad en tu sistema solar, allá, esta reunión tomará un par de días y es importante que vengas, porque se te revelará un propósito muy importante.*

Con un poco de nerviosismo accedí, no exento de miedo, pero con muchas ganas de conocer cuál era ese propósito.

Yarentis me sobrepasaba por casi medio metro de altura, sin embargo, tomó mi mano sin trabajo y como si de un hermano menor se tratara, caminamos sobre el puente de luz sólida con paso firme.

* Psicografía es la habilidad psíquica que te permite poner por escrito un supuesto mensaje recibido de manera mental o a través de una orden telekinética.

Entramos en un salón redondo inmenso, no había ventanas ni asientos, tampoco había mandos ni sala de control, las paredes estaban iluminadas por si solas y no distinguí recortes ni placas, ni relieves, nada. Dentro de la sala, estaban de pie dos seres más muy similares a Yarentis, pero de sexo masculino, de cabellera larga y platinada, que parecían tener entre 30 y 40 años de edad, se notaban algo mayores que la ufonauta que había conocido años antes, en un encuentro programado en el Valle de Elqui.

Me fijé en sus trajes, eran blancos y tenían una leve fosforescencia, estaban confeccionados de una tela escamosa y muy apegados al cuerpo, que era en todos, esbelto, con una visible ausencia total de grasa.

Mi guía Yarentis se puso de pie frente a ellos y tras un breve cruce de "palabras", si así pudiese llamarse, se pusieron en semicírculo siguiendo el contorno de la estancia. Dándome la espalda, la mujer estiró el brazo derecho en dirección a la muralla, una leve vibración comenzó a mover mis pies, el lugar reverberaba de manera sincrónica y una sustancia violeta y brillante comenzaba a manar de la mano de Yarentis, tocando el sector central de la sala circular, las murallas se hicieron traslucidas y pude ver el cielo, la cordillera e incluso el suelo de piedras bajo nosotros, la mujer giró la muñeca suavemente y de un golpe, sin brusquedad, vi la Tierra bajo mis pies convertirse en un punto azul perdido en la negrura del espacio.

Vi pasar alrededor mío galaxias, astros gigantes, soles rojos, amarillos y estrellas fugaces, era una sinfonía de imágenes indescriptibles, cada vez que viajaba con ellos se repetía esa sensación de asombro como si tuviera cinco años y hubiese llegado el circo, con sus luces brillantes y vivos colores dejándome boquiabierto frente a la puerta de acceso.

Uno de aquellos seres, que dijo llamarse Nom, me indica que estamos llegando a la órbita de Lith y que me prepare para el descenso.

Yarentis me explica que Lith tiene una atmósfera muy similar a la Tierra, por lo que podré bajar sin usar ninguno de los trajes especiales que existen dentro de la nave. Ya habiendo descendido en la superficie me pareció estar en un lugar muy parecido al sur de Chile o al norte de Europa, la diferencia más notoria era el hecho que el cielo era levemente más azul y las montañas mucho más altas que las que se suelen ver en nuestra Tierra.

Caminé con Yarteris, Nom y el otro ser por un sendero gris que rodeaba la mayor parte de los edificios circundantes, habíamos aterrizado en una zona circular que estaba llena de piletas de agua cristalina, cuyos senderos seguían la forma del contorno. Los edificios eran domos de color blanco sin ventanas de alrededor de entre tres o cuatro pisos de alto, no había señas, ni insignias, ni logotipos en ninguno de ellos.

Algunos pasos más adelante se nos acercó una esfera de luz, redonda muy nítida y parecida a una canepla o "foo fighter" de alrededor de unos 35 centímetros de diámetro, no más grande que un balón de fútbol, Yarteris extendió su mano derecha hacia el objeto, este emitió dos flashazos de luz potente y se devolvió por donde había llegado.

— *Te están esperando Akrura, en el Salón de los Ancianos.*

Quedé petrificado, Yarteris me tocó el hombro y salí del paroxismo, asentí, raudos mis acompañantes me llevaron a uno de los edificios cercanos, era muy grande y blanco con un símbolo parecido a una pirámide en su frontis, sus líneas eran doradas y carmesí, su diseño abstracto contrastaba contra aquel fondo plano. Se abrió una puerta de la nada, en medio del edificio, no había cortes, goznes, aldabas ni nada que hiciera pensar que allí efectivamente había habido alguna vez algo similar a una puerta.

Una vez entrando al recinto, me di cuenta de que el interior estaba vacío, sendas pantallas mostraban imágenes de astros, planetas y galaxias que me resultaban totalmente desconocidos, sin embargo, a mi izquierda había uno de estos "monitores" sin bordes como si fuese una gigantesca placa transparente, que mostraba algo que me resultaba particularmente familiar, un planeta celeste azulado cubierto de algunas nubes y una superficie rocosa, a su alrededor giraba una piedra gris llena de cráteres que debo decir se ve mucho más linda desde esa perspectiva. Ese era mi hogar, mi planeta Tierra y su acompañante la luna, moviéndose por el espacio en espiral, siguiendo el compás de un baile eterno en los confines del cosmos. Nunca me habría imaginado que verlo así me habría emocionado tanto, imaginé que para poder captar esa imagen debiera haber alguna base u observatorio puesto ahí a propósito, quizás desde hace cuantos siglos o con qué motivo.

Recuerdo más de alguna vez haber visto unas imágenes del transbordador espacial en donde se ven siete a ocho objetos circundar el planeta, de pronto otro más se aproxima rápido a nuestra atmósfera y en un movimiento coordinado los demás le cierran el paso, incluso, uno de estos le envía una especie de rayo o misil y el objeto "intruso" cambia de trayectoria en un ángulo imposible, volviendo desde donde llegó, quizás justamente esta "pantalla de vigilancia" es la de alguno de estos supuestos protectores de nuestro hogar y yo, Richard, estoy teniendo la suerte de verlo con mis propios ojos.

OTROS SERES

El salón circular era enorme y la curvatura del domo parecía extenderse hasta casi medio kilómetro de altura, desde la parte central del techo de la construcción, bajaba un haz de luz violeta de alrededor de 2 metros de diámetro, el mismo, que llegaba hasta una placa en forma de círculo de un material muy parecido a la plata. Este inmenso plafón estaba colocado en el suelo al centro de la gigantesca estancia, a su alrededor había 12 conos invertidos que daban la impresión de apoyar la punta en la plataforma, pero en realidad se mantenían levitando a un poco más de una cuarta del suelo, deben haber medido un poco mas de un metro y medio de altura cada uno y parecían ser los sillones de un dantesco centro de reuniones.

Me quedé inmóvil al frente de este espectáculo, Yarteris y Nom no habían entrado conmigo, se limitaron a dejarme en la puerta de acceso y se retiraron.

Efectivamente mis dudas se disiparon casi de inmediato, 12 seres de aspecto antropomorfo se materializaron en cada uno de estos conos, "ellos" deben haber tenido unos 3 metros de altura, esbeltos, con aspecto nórdico, pelo cano platinado, se parecían mucho entre ellos, me recordaba esas fotos que te sacas con tus primos, rasgos en común, forma de cejas (casi inexistentes), tono de ojos, noté que cada mano tenía 6 dedos y estas mismas tenían forma de paleta, como si todos los dedos fueran del mismo largo, los seres estaban enfundados en trajes grises muy pegados al cuerpo, me fijé además que sus pies estaban cubiertos por unas botas del mismo color de punta cuadrada, un ancho cinto con una piedra o símbolo oval y en el pecho un "pouch" o bolsillo, de marcado color negro.

La primera de estas entidades en comunicarse conmigo fue una mujer, quien dijo llamarse Ma-Asaha, no movió la boca, pero su voz resonó en mi cabeza.

— *Como siempre agradecemos tenerte aquí, Akrura, sabemos que ya estás cumpliendo lo encomendado por nuestros hermanos, sin embargo, hay algo mas que debes hacer.*

Debo decir que su voz era paz y luz y que además, confié ciegamente en todo lo que me decía, entendí eso si, que había cierto sentido de urgencia que no me estaba quedando del todo claro.

— *Ma-Asaha ¿Qué más debo hacer por el padre?*

— *Tu misión en la Tierra va a exigir más de lo que tu cuerpo terrenal permite, tu tiempo se agotará rápido.*

Toda salvación y toda sanación debe ser prevista/provista para que el 26 de octubre de 2028 la humanidad que pueda ser rescatada ascienda y encuentre salvación de la gran catástrofe de fuego y cenizas que caerá sobre nuestras cabezas, el hijo de las estrellas golpeará la Tierra como una bola de fuego que surcará el cielo, cuyos fragmentos destruirán África, su camino hará que el mar se levante y se trague ciudades completas, el clima se revolucionará sin control...

— *No podemos intervenir de manera más profunda en el devenir de tu Tierra, se nos impide, pero a través de hermanos como tú, los elegidos, podemos lograr hacer lo necesario para salvar la humanidad de una inminente desaparición.*

Quedé, como siempre cada vez que tenía un encuentro, con una sensación muy extraña (y más aún viendo por primera vez a estos seres del consejo que no tenia idea que podían contactarse conmigo).

De a poco había comenzado el germen de un libro que quería llamar "*La Tierra al final del tiempo*", mis guías me habían instruido, me habían dicho que llegaría el momento preciso para compartir la urgencia e importancia de su visita, lo que puede significar para la salvación del hombre del futuro el que yo como tantos otros, les advierta de lo que está por venir y que quizás no podremos evitar, pero si ponernos a resguardo y volver una vez pasado el desastre, soy un mensajero como lo serán otros después de mi.

LUZ

CRISTALES
DE CESIO
(CENTRO DE PODER)
SANACIÓN
SALUD

Freddy Alexis

SANACIÓN

Uno de los capítulos más extraños en la historia de Akrura es el de las sanaciones, según sus amigos y sus escritos, el había recibido el poder de parte de los propios hermanos mayores, dentro de una nave en una de sus excursiones al cajón del Maipo.

La palma de sus manos habría contenido cristales de Cesio, un elemento que existe en nuestro planeta y que se puede encontrar en la naturaleza en el feldespato y en las aguas minerales, sirve como catalizador y además aumenta el poder de los 7 chakras del cuerpo.

Este elemento fue descubierto en 1860 y su número atómico en la tabla periódica es 55, tiene un punto de fusión a los 28,5 grados lo que hace que pueda cambiar o transmutarse solamente con el contacto humano, es en si un elemento enigmático y con facultades que la ciencia recién esta descubriendo, pero que sin embargo, es utilizado por las entidades superiores para distintos fines, uno de ellos es la capacidad en alta cantidad vibracional de provocar la sanación de distintas enfermedades y de combatir efectivamente otras tantas por su conexión con las ondas alfa a nivel celular.

Richard recibió su iniciación y su nombre estelar Akrura, pero también le fue entregada su "misión" como ente de luz, prodigando salud (muchas veces a costa de su propia vida) por todo este largo y angosto país.

En una de mis reuniones con el mensajero (Santiago Gálvez), me comentó que esto era comprobable, ya que la gente que Akrura había sanado y mejorado de terribles afecciones era gente real, no un dato al azar, tenía nombre, apellido y un teléfono al que llamar.

Me inquietó pensar en el simple hecho que alguien del otro lado de la línea telefónica me dijera algo así como "nooooo, eso jamás ocurrió" o "no tengo idea quien es esa persona".

Sin embargo, había algo que me resultaba más preocupante aún. El que alguien contestara positivamente a mis requerimientos y que peor aún, tuviera como comprobarlo.

Revisando entre los papeles y documentos en la "caja de Pandora" (es así como le había puesto a la carpeta de cosas de Richard) di con un papel arrugado de cuaderno de matemática con un listado, había revisado muchas veces antes y juro no haberlo visto, y ahora ahí estaba frente a mi, más que un manuscrito un enigma tan grande como un platillo volante estacionado frente a la puerta de mi casa.

Nombres, apellidos, ocupaciones y números de teléfono, como una afrenta, como un llamado a viva voz... comienza a llamar.

Estas personas "sanadas" eran ubicables, un gran paso cuando uno se adentra en las lides del misterio, ya que por lo general estos casos no pasan de ser anécdotas sin cara y sin nombre.

Comencé mi tarea, la primera persona en la lista era Arturo (cambiaré datos para no dañar a los involucrados) tomé el teléfono y marqué, según lo que sabía el era cantante de la banda Punto X, marcaba y marcaba, no parecía haber alguien ahí para escuchar mi llamado y de pronto:

— *¿Aló?*
— *Hola ¿hablo con Arturo?*
— *Si, con el...*
— *Mi nombre es Santiago Gálvez, quería conversar con usted sobre Richard ¿Lo conoce? ¿Qué sabe de el?*
— *Ehm, bueno yo estuve muy enfermo y un amigo productor me lo presentó, tenía un cáncer que me estaba comiendo y el vino un día y me... hubo un silencio largo... me, me sanó.*
— *¿Y cómo pasó eso?*

Bueno una tarde que yo no podía levantarme, llegado recién de una radioterapia por lo del cáncer, Alejandro un amigo productor que conocía a Richard, lo trajo a mi casa, un viejito simpático, muy delgado, pero que no tenía nada especial, nada distinto aparte de su mirada, transmitía mucha paz. Richard se acercó a mi, tranquilo con mucha calma, algo le hablaba a Alejandro, pero yo no alcanzaba a entender, no se si por que estaba muy lejos o por que la verdad mi terapia me dejaba exhausto, caminó hacia mi muy lento y levantó las manos, se acercó a los pies de mi cama, en ese momento empecé a sentir calor, mucho calor, me parecía que esta sensación emanaba directo de las palmas de las manos de Richard, que estaban dirigidas hacia mi, esto no podía estar pasando, era irreal parecía como si sendos rayos de calor cayeran sobre mi cuerpo y quemaran mi interior, sentía que las venas me ardían, los parpados me picaban y de pronto no recuerdo nada más, solo despertar al otro día, muy cansado pero extrañamente mejor.

Debe haber ido a verme unas 4 veces, y cada vez se repetía la misma sesión con la diferencia que el cada vez se iba más deteriorado y yo mejoraba más y más.

Son cosas que yo no entendía y que la verdad hasta hoy no puedo comprender.

Era un hombre sincero y cuando se refería a Richard se notaba muy bien que había agradecimiento en su voz, en dos oportunidades más de una lágrima se le escapó en los momentos en que recordaba la ayuda que le había brindado este misterioso hombre pequeño de manos milagrosas.

Arturo recuerda que lo más misterioso de todo fue el momento en que llegó donde su médico de cabecera para seguir con sus tratamientos contra la agresiva enfermedad, tras los chequeos de rigor, le pidió exámenes, había algo que el médico notó de inmediato, la urgencia en su voz le delató.

El facultativo le dio una semana para llegar con todos los test realizados, lo que el cumplió tal cuál como le fue solicitado, tras la revisión de los mismos la sorpresa fue suprema, su enfermedad letal estaba retrocediendo ante algún desconocido tratamiento de manera acelerada, como si la enfermedad en vez de ir acrecentando su dominio sobre el cuerpo de Arturo, algo la hubiese conjurado de manera prácticamente mágica.

Al cabo de unos meses, el cáncer desapareció.

EL LISTADO

Para evitar que estas personas sean víctimas de burla o exponer su vida privada, hay datos que evidentemente han sido ocultados,

Todos y cada uno de ellos aseguran que Richard apareció en sus vidas como una presencia sanadora y que, para ellos, el había sido un maestro, un hombre lleno de luz.

De alguna forma lo que cuenta Arturo revela a cabalidad como era el proceso de sanación que realizaba Richard (Akrura) y el por qué finalmente termina enfermo, su energía vital transmutada en rayos dorados de sanación era la que entregaba vida, pero también le quitaba vida, tanto así que en algún momento (y esto me lo cuenta directamente a mí) en un viaje a realizar una sanación de un enfermo grave Richard es abordado, por fuerzas que no quieren el bien en el mundo, y atacado consecuentemente sus cristales de Cesio terminan pulverizados, pasando este elemento a su torrente sanguíneo provocándole una grave afección que es la que al final le quita la vida a Richard en esta Tierra.

Los cristales de Cesio tienen forma tetraédrica, algo así como una pirámide y que es la forma en la que la realidad se constituye, este triángulo equilátero de tres dimensiones es la unidad básica de nuestra realidad y que su medida es la "longitud de Planck" o sea 10 elevado a 35 más pequeña que 1 metro. Por tanto, esta equivalencia es también parte de lo que los antiguos llaman "Geometría Sagrada", todo lo que conocemos tiene esa forma y justamente los cristales de Cesio tienen una función fundamental en la modificación de la realidad circundante, de ahí su importancia.

Esta forma particular es llamada "Merkaba ó Merkavah"

En la Parte final Caja de Pandora encontrarás esto y mucho más.

Persona sanada	Profesión	Teléfono
Arturo Muñoz	Cantante	9876XXXX
Alejandro Olea	Productor musical	22551 XXXX
Antonia	Editorial	9583XXXX
Christian Araya	Compositor	9395XXXX
Cristián Katari	Pintor	9132XXXX
Humberto Hermosilla	Músico	9434XXXX
Dinora Muñoz	...iga, vecina	7617XXXX
Marcela Iglesias		9354XXXX
Geraldine Jenny		8479XXXX
Arpista		
María Teresa		
Raúl Bravo		
Ximena Reye...		
Hermano ...		
Gustavo ...		
Francia...		
Mar...		
Jac...		
A...		

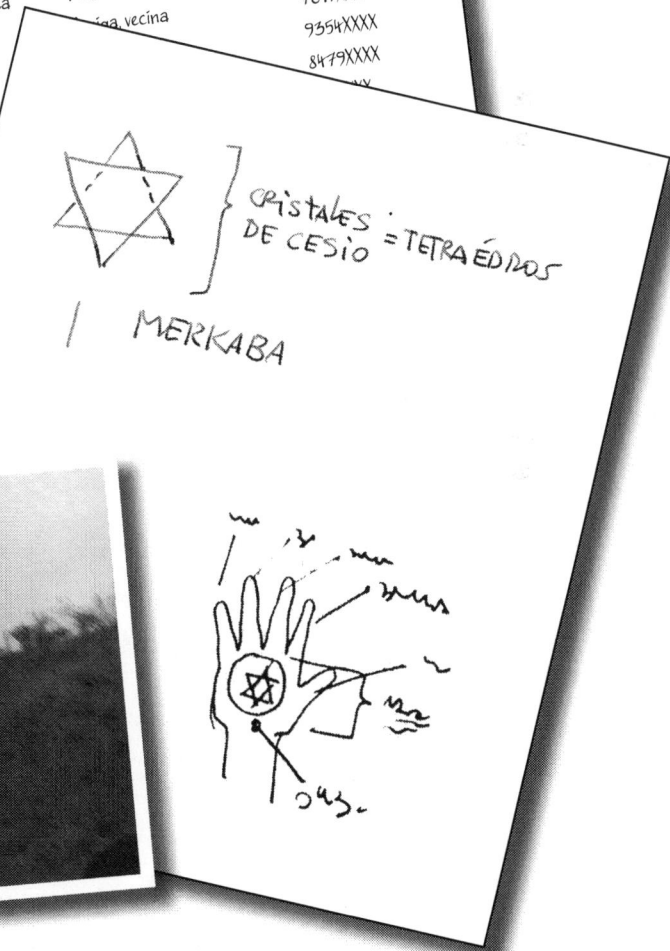

CRISTALES : TETRAÉDROS
DE CESIO

MERKABA

Freddy Alexis

SUEÑO CON GIGANTES

La mayor parte del tiempo cuesta muchos separar los sueños de la realidad, por que parecen vivir en un mundo intermedio, donde los bordes son difusos, poco claros, sin embargo, las culturas aborígenes nos han enseñado con el tiempo que el hombre también "vive" en ese mundo intermedio, en el país borroso, en ese continente más allá de la niebla.

Años atrás conversé con un chamán guaraní que estaba de visita en Chile, lo conocí casi por casualidad, el anciano don José Ruiz, de la gran familia del tupi guaraní, el me contaba que el hombre es multidimensional, que vive en muchas realidades y que en todas ellas existen mas gentes que se relacionan con el y en donde las personas pueden vivir hasta una vida paralela a esta, por tanto, los sucesos que soñamos debemos entenderlos como verdaderos, pero vividos en ese "otro mundo", el Yvága, donde están los hombres originales, de los que nosotros somos solo un reflejo y la relación entre estos dos mundos es cotidiana.

De todas las cosas que Santiago me contó acerca de su relación con Akrura (Richard), hubo un sueño que me dejó particularmente inquieto, más que todo por el significado profundo que logré entender después y que ustedes también entenderán cuando lleguen a las últimas páginas de esta historia.

Primero un vórtice, luego, llovía profusamente, las gotas formaban una especie de neblina que no me dejaba ver el camino, no distinguía nada más allá de un par de metros de distancia, el cielo de un tono pizarra se tornaba negro a cada tanto y se cernía como un manto gigantesco y opresivo sobre mi camino.

Iba dentro del automóvil vadeando con dificultad los innumerables charcos y lo resbaloso del camino, un camino totalmente desconocido para mí y que más encima me hacía sentír invadido por esa típica premonición del adveni-miento de un resultado incierto…

Las luces del pequeño vehículo bailaban de los árboles al camino y oscuros arabescos se dibujaban entre los focos y el asfalto.

Entre las nubes comenzaban a vislumbrarse los primeros destellos de una incipiente tormenta eléctrica, le tenía temor a los truenos y los relámpagos desde que era muy pequeño. A los 7 años le era imposible conciliar el sueño en noches como esta, cuando los relámpagos iluminaban su cuarto de niño y el ruido golpeaba sus ventanas siempre imaginaba un gran gigante blanco de cachetes colorados dando pasos inexorables, reventando árboles y casas con sus botas de cuero, un gigante vestido de rojo con un gorro de pompón de lana y cantando..."¡Fíiiii...Faaaa...Fooooo...Fuuuum!", los pasos del gigante rugen tras las murallas de su cuarto y el niño de 7 años es incapaz de emitir sonido, esa imagen se hizo viva durante el sueño y hasta creí ver entre las nubes y el cielo oscuro la forma de un gigante obsceno.

Luego de una leve curva paso a la siguiente marcha y percibí que algo crujió, oí un mecanismo trabarse y el suspiro atorado del automóvil me alarmó, no podía bajo ninguna circunstancia quedarme atorado en un camino rural y menos con esa tormenta eléctrica en ciernes, al menos en la lógica del sueño eso funcionaba así.

El auto se detuvo de repente, las luces se apagaron y quedé a oscuras en medio de la nada (todo era tan real), la última casa que recordaba haber visto había quedado atrás entre la neblina.

La lluvia seguía cayendo y golpeaba arrítmicamente el techo sobre el auto, de pronto me vi sacando un cigarro desde mi guantera, lo encendí, le di una bocanada, no tenía sabor, obvio, estaba soñando.

Me bajo del auto, cigarro en mano tomo el seguro para abrir la puerta a mi costado en el momento exacto en que un trueno ensordecedor rompe el aire, me tapé los oídos aterrados, vi lo que me dio la impresión que era un gigante caminando entre los árboles, un gran relámpago blanco se abría paso entre las nubes en un ángulo recto por sobre mi cabeza con un brillo cegador, agachado sentí una onda calórica sobre el automóvil y sobre mi cuerpo, entre las nieblas de la extraña visión un algo había caído refulgente algunos metros más allá.

Luego solo silencio, me reincorporé, abro la puerta y tomó el volante del pequeño automóvil, cuando miro por el espejo retrovisor veo difusamente un pequeño foco de incendio de colores fucsias y celestes, junto al fuego onírico un árbol semi—chamuscado en el mismo ángulo de caída del extraño relámpago abre sus ramas como esperando un abrazo.

Entre las coloridas llamas se distinguía una especie de carro derretido con extraños ángulos en su parte superior, todo humeaba espeso y lento, chisporroteaba sin parar, algunas llamas brotaban en su interior y su contorno se teñía con reflejos azules y obsidiana.

A pesar del terror que me provocaba la escena, bajé del automóvil, la lluvia entre sueños me empapó casi al instante y el cigarro en mi mano izquierda se disolvió dejando un pequeño filtro café entre mis dedos.

Di varios pasos siguiendo la estela de barro y humo, el metal caliente chirriaba en aquella cosa que se enfriaba lentamente bajo el poder del agua, las llamas comenzaban a apagarse por los costados, en el centro mismo del objeto una abertura rojiza de metal incandescente en los bordes, dejaba a la vista un interior negro, en el que brillaban algunas luces azules y blancas como pequeños destellos sincopados. Ya estaba a casi dos metros de la mole y el calor que rodeaba aquello era palpable, incluso en el sueño, una leve pendiente de barro daba paso a un crater algo profundo, que era el lugar donde descansaba el objeto metálico y su abertura circular, quise dar un paso más, pero resbalé y sentí como caía al vacío, lento, sin tiempo, rodé llenándome de barro y me torcí el tobillo, me dolía.

¿Cómo era posible?:

—*Mala idea.*

Con esfuerzo logré salir del crater de barro sin antes caerme un par de veces más, fue ahí en ese momento, mientras me paraba, que lo ví, entre las brumas propias de este extraño mundo, tirado en el suelo yacía un hombre inconsciente con la cara manchada de tizne, de cabello oscuro y corto con rasgos finos, elegantes y algo familiares, su cuerpo era de complexión delgada, estaba enfundado en un traje color pizarra muy apegado al cuerpo, como el que usan los buzos, de un material parecido al de las capas interiores que llevan los montañistas bajo las parkas, no tenía visible ni cortes ni costuras y en mi sueño no era distinguible ninguna clase de cierre o juntura de algún tipo en sus ropas, una trama de mini escamas plásticas o metálicas ensambladas le daban forma, esta extraña vestimenta tornasol cubría sus pies en un perfecto par de calcetines o zapatos en el mismo diseño y sus manos tenían guantes de un idéntico material, solo su cara estaba al descubierto y a expensas de las condiciones que me estaba entregando mi sueño, me acerqué con ese tiempo sin tiempo del mundo de Morfeo para observarlo mejor, respiraba pausado bajo el traje, noté que en su frente tenía una herida de la que salía un hilillo de sangre, cabía pensar que el había llegado en el ingenio que descansaba bajo la tormenta, pero quién era, ¿Un astronauta, un aviador?

Quería despertar, pero algo me mantenía ahí como si estuviera cumpliendo una orden, de pronto la figura tendida se incorpora de golpe y logro mirarlo a los ojos...

— *¡Akrura! Era el, con sus ojos de un vivo color moro que me miraba fijamente*
  como intentando decirme algo sin pronunciar palabra.

Tomó mis manos con fuerza, me quemaban, mis palmas ardían como si estuviesen bajo un fuego muy intenso, sentí que en este acto de ensueño algo se estaba grabando en ellas y me resultaba imposible volver a la vigilia, el dolor continuó hasta que Akrura se desvaneció, también lo hizo el ciclópeo gigante de mejillas rojas que me miraba desde lejos y el día lluvioso, el cráter, todo lo que estaba alrededor mío se iba fundiendo en una densa niebla espesa, oscura, arremolinada, siento que algo absorbe mi realidad y me empuja a velocidad luz, freno, de golpe, estaba en otro lugar, galaxias y nebulosas de colores inimaginables pintaban el espacio en torno a mi, era otro universo donde no distinguía nada conocido, en un gesto instintivo quise abrir los dedos de mis manos y sentí un leve dolor, bajé la vista mientras giraba las palmas hacia arriba, estaban rojas y en el centro muy distinguible un pequeño brillo circular...

Las voces me despertaron, 2 veces.

LA ISLA.-

1.- al sur
2.- el mar.
3.- quartz/braidenchaft
4.- hermondad
5.- cuarzo
6.- Isla Kent

45° 1′ 20 82″ S
7.4° 10′16.18″ W

Archipiélago de los Chonos
Las Garantiças

Freddy Alexis

LA ÚLTIMA REUNIÓN

Santiago me llamó un día en la tarde, ya que le apuraba contarme algunas cosas, su vida estaba dando un giro ya que primero se había quedado sin trabajo en el canal y segundo, se mudaba al norte, al valle del Huasco, a vivir donde unos parientes.

Pasaron algunos meses sin tener noticias de el, era pleno otoño y me acuerdo que regaba el antejardín mientras caían los últimos rayos de sol sobre el horizonte, suena mi teléfono, respondo:

—*¿Aló?, Hola ...*

— *Hola, Santiago ¿Cómo estas? ¿Cómo anda el norte?*

— *Por acá bien, encontré trabajo manejando un taxi, así que la cosa se mueve relativamente bien por que tengo los pasajeros del hostal de mi prima.*

— *Super mi amigo, cuéntame...*

Pasaron unos segundos y Santiago vuelve a hablar con un tono muy nervioso, de voz entrecortada.

— *Es que por lo mismo te llamé, me pasó algo tan inusual como lo que te he venido contando, un día mi prima, que sabe de la historia de Akrura y todo lo demás, me contó que llegó a su hostal una persona muy poco habitual y que entre las cosas que le dijo, le había hablado de un trabajo que realizó por muchos años en una isla en el sur...*

Y que ella juraba que le había sonado a isla *"Friendship"*.

En ese momento la voz de Santiago se puso más temblorosa, inquieta.

— *Bueno es mi prima, me conoce, ella sabe de mis intereses y como le pareció un poco extraño su comentario, le preguntó al hombre si podía presentarle a un "amigo" que le interesaban esos temas, que hace años le había hablado de los misterios de esa isla.*

Y cómo siempre la vida se preocupa de ponernos en encrucijadas, no faltaba ese componente absurdo que es parte de todo.

— *Ah, perdón lo olvidaba.*

— *¿Qué fue lo más insólito de todo?*

Lo más insólito, sorprendente o inusual fue el hecho de que el hombre accedió sin poner ningún cuestionamiento.

CAMINO A LO EXTRAORDINARIO

Santiago continuó:

— *Bueno, me apresuré en llegar al Hostal de mi prima, Leslie, estaba nervioso, muy nervioso, en el trayecto iba pensando en este suceso ufológico y televisivo que marcó el final de los años 90. Hace un tiempo atrás había conocido personalmente a Ernesto de la Fuente y su esposa, Ethel Barahona, ellos, principales protagonistas del tema "Friendship" y su irrupción en las pantallas, el matrimonio se había radicado hacía unos años en el norte y por casualidad, ¿O no?, vivían cerca de mí, eran una pareja de abuelitos muy amables en una condición económica y de salud terrible, muy de a poco me gané su cariño y comencé a visitarlos esporádicamente, Ernesto me enseñaba al respecto de la isla y sus habitantes, me entregó detalles inéditos de su experiencia, pero siempre la salud terminaba traicionándolo y quedábamos en un amable continuará.*

Se me vino a la mente una de esas ocasiones en la que conversando con Ernesto, el quedó tan cansado que se durmió, seguí la charla con la señora Ethel y una de las cosas que me conversó fue que dos personas de aquel lugar, de la isla *Friendship*, habían estado en su casa visitando a de la Fuente corto tiempo atrás.

La fecha de ese encuentro fue el 28 de diciembre de 2018, cerca de las 22:00 hrs. mi prima me recibe en el hall y muy inquieta me lleva hacia el patio interior, desde lejos vi la silueta de un hombre sentado en la glorieta, el lugar estaba lleno de sillones blancos, aquel era el espacio en donde los pasajeros podían fumar y relajarse o incluso trabajar, esta vez no había más turistas que el, entro por el angosto pasillo, las luces amarillas pintaban las murallas de un ocre muy desértico, seco, como exento de vida, al irme acercando noté que estaba como con un tablet, no era un computador, era una pantalla grande y tenía al lado una especie de jarra de metal de esas que usan los ciclistas para tomar agua, nos paramos al lado izquierdo de su sillón flanqueándolo.

Mi prima le dice... *"Don Adler"*.

El hombre se gira en el sillón y de un solo movimiento se puso de pie, era una persona como de mi estatura, un metro ochenta más o menos, de contextura media, a esas alturas se veía normal, pero su piel se destacaba por que era demasiado blanca, su rostro pálido, los brazos no tenían ningún asomo de vello, lo noté bien por que su camisa alba estaba perfectamente arremangada con dobleces imposibles, su pelo castaño cobrizo, con tintes colorines brillaba bajo la luz tenue.

— *Hola, me dice en un tono neutro, no era un acento "gringo", era una voz como las que escuchamos en History Channel en el cable, una voz que podría haber sido de muchos lugares, pero a la vez de ninguno.*

El tono era más bien grave

— *Te estaba esperando me dispara Adler en ese tono sin matices y de una lentitud pasmosa.*

— *Toma asiento.*

Lo hice prácticamente al mismo tiempo que le iba respondiendo.

— *Adler, eeehm... ¿Sabe qué? Es que vengo por la siguiente razón, yo conozco a don Ernesto de la Fuente y a doña Ethel Barahona que tienen toda esta historia de la isla Friendship y que a mi me ha fascinado por años, de hecho, también conocí en Santiago a Richard que me entregó unos papeles y que me aseguró conocer bien todo lo relacionado con esto mismo y a la gente del espacio, a los "otros", a los que llamaba sus guías.*

— *Mira, me dijo Adler en ese tono acompasado y neutro, se que lo que te diré ahora no me lo vas a creer, pero yo estuve en esa isla, yo trabajé ahí por algunos años...*

— *Te juro que lo miré y no le creí.*

— *Y se que ahora en este mismo instante piensas que te miento, para empezar, te diré algunas cosas que van a comprobar que soy sincero, tu naciste en 1973, tu padre fue operado de un testículo por un tumor años antes que fueras concebido, en tu familia los problemas de presión son comunes, tu mamá sufrió de jaquecas, dolores invalidantes, la tiraban en la cama...*

Quedé de una pieza, esas cosas solo las habíamos conversado en familia ¿Cómo Adler podía saber eso? Imposible.

Empecé a sentir algo de miedo, el que se acentuó por el hecho qué durante todo su certero discurso, me estuvo mirando fijamente a los ojos y no parpadeó nunca.

— *Tranquilo me dijo, no te asustes, todas estas cosas suceden por algo, están planificadas.*

Me sentí con el impulso de preguntar y las palabras se atropellaron en mi boca.

— *¿Tu eres o te consideras de otro planeta? un ser ¿extraterrestre?*

— *Nooooo, yo soy completamente humano, soy de Polonia, estuve alguna vez en Auschwitz.*

— *¿Auschwitz? Adler no se ve de más de sesenta años de edad, eso era imposible.*

Soy médico, quedé sin palabras traté de preguntar algo como para saber si me mentía y nada…

Ahí me dice:

— *Necesito un servicio tuyo, quiero que me lleves al valle del Huasco a las 21 horas, mañana y recuerda es importante que sea esa hora, tengo problemas con el sol, no puedo asolearme, no te preocupes del dinero, te pagaré.*

— *Allá conversaremos más.*

Antes de irme Adler me contó que habían actualmente trabajando en la isla 30 personas y que, en un principio cuando llegaron, eran sólo 16 hombres, incluso mi interlocutor detalló que la estadía no tenía que ver con la raza (por que incluso hay dos hombres de raza negra dirigiendo algunos proyectos) el hecho de ser parte del equipo que permanece en el lugar tenía que ver con una característica genética que compartían todos sus miembros. *Friendship* era una tremenda construcción, en la que existían varias entradas al lugar, una superior, una submarina y otra que estaba escondida en la superficie de la isla.

Aquel hombre hizo hincapié en el hecho que ahí trabajaban con un mineral que tenía muchas propiedades, el cuarzo, esta piedra no solo era una solución curativa muy beneficiosa para el tratamiento de enfermedades que afectan gravemente a las personas, sino que también, esta maravilla de la naturaleza poseía otras propiedades mucho más trascendentes aún.

Según "ellos" trabajando el cuarzo se podía alterar la percepción del tiempo y del espacio, en ese momento no lo entendí bien, pero al pasar el tiempo el panorama al respecto de este hecho se me aclaró totalmente.

De vuelta a mi casa no dormí nada bien, había quedado muy nervioso y tuve sueños donde se mezclaban imágenes de la segunda guerra mundial, el mar agitado bajo naves extraterrestres, gigantes risueños de mejillas rosadas y otras sombras realmente inquietantes.

Al otro día temprano comencé a hacer mi vida de manera normal, fui a la piscina, llevé unos pasajeros de compras, incluso, como dormí mal, tomé una reponedora siesta, eso sí, siempre teniendo presente que tenia que ir a buscar a esta persona al hostal a las nueve de la noche.

Paso la calurosa tarde típica del norte de Chile y me fui a buscar a Adler al hostal, el delgado hombre salió, con lentitud se sube al auto y me dice:

— *Hola Santiago, vamos a cargar combustible.*

Llegamos a la estación de servicio y cargamos mi Chery Q con $23.000, un modelo pequeño, muy económico.

Una vez terminada la carga Adler me comenta:

— *Quiero que vayamos al interior del valle, por el sector del tránsito.*

No me era una ruta muy difícil, ya que desde que estoy acá he ido muchas veces a ese lugar, por lo que me sabía el recorrido de memoria, así que en un par de horas, llegamos al sector del pueblo el tránsito y entrando al mismo, Adler con una grave voz de mando pero muy educada, me pide que me desvíe en dirección al rio.

Me fui por la ladera del río y empezamos a conversar, el me narraba que ellos estaban preocupados de la preservación de los recursos naturales y que estaban en contacto con una especie de otro lugar que cuidaba la flora y fauna de los valles, de los mares, que se hallaban muy preocupados de la contaminación de las mineras en el Huasco, de la depredación de los ríos y el abuso incesante de los recursos de la cordillera.

— *Tenemos ayuda de la gente de allá arriba, del otro lado.*

Adler me hablaba muy calmo, con paciencia, sin embargo, yo lo miraba por el retrovisor y no sabía si creerle.

Adler desviaba la vista hacia arriba, me daba la impresión de estar esperando "algo".

— *Llegamos, dijo mi inusual pasajero.*

Habíamos salido desde el hostal a las nueve y llegamos a nuestro destino a las once y media de la noche, estaba muy oscuro, no había absolutamente nadie en la calle, me estremeció sentir tanto silencio.

Sería alrededor de la una de la madrugada cuando de pronto desde el sur en dirección nor-oriente veo venir un objeto alargado con forma de puro, de un intenso color naranja, pulsante, se acercaba atravesando el cielo lentamente y cada cierto tiempo cambiaba de color, del naranja al azul, del azul al amarillo y así, saqué el celular para tratar de tomar unas fotos pero me salían negras, no se veía nada, seguí y seguí intentando, aquel objeto luminoso estaba muy cerca, era imposible no poder fotografiarlo, sin embargo, seguían saliendo imágenes en negro.

El hombre me espetó:

— *No es necesario que saques fotos, no es necesario.*

Traté de grabarlo a el con el teléfono y tampoco funcionaba, Adler se dio cuenta de lo que estaba haciendo:

—*No lo sigas intentando, aquí hay muchas cosas que son muy difíciles de explicar y grabar es inútil.*

Estamos haciendo muchas cosas desde hace mucho tiempo, quiero que entiendas que somos una comunidad que está preocupada del medio ambiente, no del hombre, no somos de *Friendship*, aún a pesar de que yo estuve ahí, no somos los *Friendship Island*, tampoco estamos curando el cáncer, eso es falso, tenemos otra tarea, algo que será beneficioso para el futuro del planeta, lo que si es verdad es que trabajamos en conjunto con otras tres comunidades que están escondidas por el país, hay una cooperación entre nosotros, hay tres comunidades más, una en el norte, otra en el Cajón del Maipo y en el sur, como en otras partes del mundo.

Esto increíblemente coincidía con todo lo que me había contado Richard, pero con una diferencia, este personaje me hablaba de los hacedores de vida, del gran arquitecto, en ningún momento me hablaba sobre cosas religiosas, jamás me mencionó la Biblia o a los Ángeles del Señor a pesar de eso, si me reafirmó que estaban trabajando juntos.

Nos devolvimos al sector de Vallenar, llegamos cerca de las cinco de la mañana, yo seguía nervioso, me dijo:

— *Me voy a poner en contacto contigo y seguiremos conversando, me pagó $170.000 en billetes de a $5.000 y a la vista, a las cinco de la mañana, parecían todos iguales, un poco desconfiado los guardé, el hombre me ofreció su amistad y me pareció muy sincero, nunca tuve la oportunidad de darle mi número de teléfono, solo le entregué un correo, sin embargo, dos semanas después comencé a recibir llamados de un número privado, era Adler...*

Una de las cosas que me dijo, estando arriba en la montaña, fue que le parecía que mi cuerpo no estaba absorbiendo bien la vitamina B, al instante sacó una pastilla de un vivo naranja de un pequeño bolsito, Según sus palabras me notó cansado y estresado, me explicó que la pastilla me serviría para absorber el complejo vitamínico de mejor manera, yo receloso, pensé que podía estar drogándome. Después comprendí que eso estaba muy lejos de ser cierto, por el contrario, el comprimido me revitalizó a tal grado que comencé con rutinas de ejercicios semanales.

Con el paso del tiempo Adler comenzó a llamarme regularmente, algunas veces, para saber de mi estado de salud y otras, conversar un poco. Jamás le pregunté cómo obtuvo mi número de teléfono, ya que la noche que nos conocimos, solo le entregué mi correo electrónico en un pedazo de papel.

Semanas después estaba en Huasco, almorzando, cuando Adler me llama y me dice que durante la tarde una mujer se comunicaría conmigo para que la llevara hacia *"algún lugar"*.

Ya entrada la tarde, estaba tomando el sol en el balneario de Llanos del Challa, bajo una pequeña sombrilla de junco, metiendo los pies en la arena y disfrutando del azul del mar. Llanos es una de las más lindas y soleadas playas de la región, el agua resplandece bajo el astro rey y la arena es amarilla, de granos pequeños, suaves. Tenía los ojos puestos en un pequeño bote en el horizonte cuando mi celular comienza a sonar, contesto de inmediato, del otro lado una voz femenina con un marcado acento europeo me habla suave:

— *Hola, ¿Cómo estás? Yo me llamo Ada, conozco a Adler, no se si el te ha contado algo, pero te contacté por que me gustaría saber si puedes llevarme a mi y a un acompañante al valle de noche, es un trabajo pagado.*
— *Obvio, le dije qué si.*

Me quedé pensando que quizás eran los típicos turistas que les gusta meterse a sectas y esas cosas, yo tenía mis dudas, como al interior del valle estaban los antiguos "Antares de la Luz", no los de la televisión, estos eran los originales, llegados ahí hace décadas, que si mal no recuerdo hasta tenían otro nombre, y ese era uno de los motivos por los que siempre había un ir y venir de distintos personajes exactamente a ese sector de la cuarta región, preocupante, sin embargo estos "Antares" no molestaban a nadie, pensé que se trataba de algo por ese estilo.

Al otro día, a las 10 de la mañana, me llaman nuevamente para indicarme que debía recogerlos en la calle Marañón, puntual, a las nueve y media de la noche.

Seguía pensando que se trataba de un par de locos buscando una secta en el culo del mundo donde poder afincarse.

Llegó el día y la hora señalada, tomé el automóvil en medio de la noche serpenteando por las calles angostas y esquivando los largos semáforos en rojo.

A media cuadra, los veo, estaban en la calle y solo el reflejo de los teléfonos celulares en sus caras los hacía visibles, Marañón estaba a oscuras, se había cortado el suministro eléctrico, típico, noté por las siluetas que la mujer era estupenda, me ven llegar, saludan al unísono como si se tratase de una coreografía, se suben al auto y comenzamos a conversar, les conté lo de Adler y me escucharon atentamente, luego me pidieron que los llevara a San Félix, 10 kilómetros más arriba, un viaje extremadamente largo.

Tras un viaje cansador, entré al pedregoso camino y frente al cartel que reza "El Peñón" me detengo, dejé el auto estacionado ahí, por un segundo encontré el pasaje levemente familiar, la vista amplia, en la calle solo un poste de luz amarillenta frente a la salida de una pequeña caverna clausurada, una vieja bodega herrumbrosa y un par de grandes rocas a los costados, como flanqueando un fuerte, ahí entendí por qué a ese lugar le decían justamente *"El peñón"*.

Nos bajamos los tres casi al mismo tiempo, me paré frente a la nada dándole la espalda al famoso pique del lugar, el rubio hombre me pregunta si había estado antes ahí, yo le contesté que no me acordaba.

De pronto Ada y Hermes, así se llamaba el, me toman de los hombros muy cálidamente, de manera amable, lo imposible, lo extraño, lo inusual comenzó ahí, me giran lentamente hasta quedar mirando la cueva, en un segundo desde el interior veo que comienza a salir una persona muy pequeña, al ir saliendo a la escasa luz me doy cuenta de que comienza a crecer, a crecer y su silueta era la del gigante de mis sueños, gordo, enorme, de tres largos pasos subió una pequeña loma y calculé su estatura en más de cuatro metros por que vi que yo le debía llegar al ombligo, empecé a sentir un leve zumbido, persistente, agudo, me sentí mareado, se acercó a nosotros y comenzó a transformarse, a tomar una forma levemente familiar, su traje ajustado se encogió frente a mis ojos y sus rubicundos cachetes se tornaron delgados y cada vez más enjutos, de a poco esta mole fue tomando una estatura normal y veo la cara de Akrura (Richard) frente a mi, vivo otra vez, ya no transfigurado, era Richard mismo en una versión más joven, quise arrancar, correr, tenía mucho miedo y Hermes me dice que me calme, que no pasa nada.

Ada, Hermes y Akrura no movían la boca, se miraban mientras el zumbido lo llenaba todo, supuse que ese molesto sonido era algún tipo de comunicación entre ellos, como si hablaran con él, me sentía desvanecer, tenía ganas de vomitar. Akrura se da media vuelta y toma dirección a la caverna, su silueta volvió a achicarse hasta perderse en la entrada de esta boca negra, abierta en medio del cerro.

Hermes me mira y me dice:

— *Ellos son creadores de vida, son guardianes de las montañas, los mares y los valles, están acá desde hace miles de años y Richard es uno de ellos.*

Volvimos y mientras tomaba una recta en dirección a la ciudad, entre las montañas logro ver la luna de un extraño color azul, pero se movía en línea recta, siguiendo la trayectoria del automóvil, no era la luna, era... otra cosa. Hermes me mira desde el asiento del copiloto y me dice:

— *Akrura se va, hacia la isla del sur.*

Entonces vi, que esa "luna" redonda y azul, comenzaba a subir en un ángulo muy agudo hasta perderse rápidamente en la noche estrellada.

El llamado de Santiago terminó ahí y me dejó mirando el techo de madera, con más dudas que certezas.

24 horas después recibo un mail del mismo Santiago Gálvez donde solo me dice:

"Mi amigo parto al sur en busca de Friendship y Akrura, quizás no nos volvamos a ver nunca, dejé algo para ti en el buzón de tu casa."

Al llegar a mi casa al atardecer, desde mi buzón saco una bolsa de papel café algo grande y la abro, era la carpeta de Richard, la famosa "Caja de Pandora", pegada en la tapa con cinta adhesiva, había una diminuta misiva que decía:

"Querido amigo, a todos les llega su tiempo, a algunos les llega más tarde y a otros, más temprano, así que este es para mi el momento de que recibas este mensaje y que después, te encargues de pasarle la posta a otro, oficialmente, eres desde hoy en adelante el nuevo mensajero.

Un abrazo.

Santiago Gálvez."

LÉEME

Sábado, 08:31 AM

El amanecer en Santiago de Chile tiene algo mágico que no sucede en otras regiones, hay un lento paso del silencio más absolutamente absurdo que te puedas imaginar a un tráfago incesante de gente, buses, automóviles, frenazos, pitazos, pero tiene ese gesto único de la vida en la ciudad, los colores en el cielo cambian desde el azul marino intenso hacia el rosa pálido y luego, a un celeste que te pincha en los ojos, un espectáculo que no te puedes perder y que finalmente es coronado por el haz dorado del sol que cae entre las montañas como una espada de luz dividiendo la noche del día.

Léeme, yo se con certeza que todo esto que acabas de leer, prólogo incluido, ya de alguna manera lo habías visto antes, lo sabías y entiendes claramente qué si estás en el 2020 leyendo estas páginas, es por que ya llegamos al punto de no retorno, que estamos en el ojo del huracán, a ese momento que todos nos habían advertido ¿podríamos haber hecho algo por evitarlo? Me gustaría decirte que si, pero no sé si es la verdad.

Eugenio Siragusa ya lo decía por allá por los setentas *"Nos Siamo Soli"* (No estamos solos) desde su cama murió esperando que Astar Sheran, Woodok y Link llegaran a compartir su último adiós y la salvación de la humanidad, luego Sixto Paz llenaba los medios con su extraño viaje a Ganímedes y su mal paseo por el detector de mentiras, que lo dejó más mal parado que bien, sus áureos mensajes nos hacían viajar hacia los cielos misteriosos del que le hablaba el esquivo Oxalc, Paz hizo que Juan José Benítez quedara tan asombrado que terminó por escribir un libro de su encuentro ovni en los desolados parajes del desierto de Chilca en Perú, con un Sixto acompañado de decenas de fieles de Misión Rama, contactados que con su energía mental materializaban naves para que fotógrafos y audiovisualistas se llevaran un insólito *souvenir* del espacio, notable.

Por muchos años leí, investigué y siempre me quedó la duda "En esos otros mundos no hay ninguna enfermedad, han aprendido cómo curar todas las enfermedades. No hay ninguna guerra, han aprendido cómo vivir en paz.

No hay ninguna pobreza, todo el mundo tiene todo lo que quiere. No hay ninguna vejez, han aprendido el secreto de la vida eterna..." tal cual como lo dijo el jefe del proyecto libro azul en los sesentas, Edward Ruppelt refiriéndose a George Adamski, el gran "contactado" del siglo XX, el también tenía un discurso ambientalista sin rayar en lo militante, no más bombas atómicas, estamos al final del camino, el fin de la humanidad está cerca, etc. Ojo que lo mismo han dicho las religiones a través de los siglos.

En el hinduismo el final de los tiempos ocurrirá cuando Kalki, la encarnación final de Vishnu, descienda sobre un caballo blanco y ponga fin al actual Kali Yuga.

En el budismo se sigue la predicción de Buda, según la cual sus enseñanzas se olvidarán tras cinco mil años, a los que seguirá una época de confusión tras la que un Bodhisattva llamado Maitreya redescubrirá las enseñanzas del Dharma; la destrucción final del mundo llegará entonces, con el surgimiento de siete soles.

En la mitología nórdica la destrucción futura del mundo actual será el Ragnarök (crepúsculo de los dioses) tras el que el mundo resurgirá nuevo y fértil y será repoblado por los dos humanos sobrevivientes.

Lo hemos leído y re—leído, una y mil veces.

Una y mil veces.
Una y mil veces.
Una y mil veces.
Una y mil veces.
Una y mil veces.
Una y mil veces.
Una y mil veces.
Una y mil veces.
Una y mil veces.

Siendo honestos, si, el discursillo es repetitivo, es melodramático, es reiterativo incluso tan majadero que finamente terminas por no escucharlo, por no atenderlo.

¿Mas... cuántos icebergs podríamos haber evitado para que no se hundiera el Titanic? ¿Cuántas vueltas más al perno del motor del Casa—132? Ó ¿Cuánto más lejos dejar el cigarrillo del pegamento de la alfombra en la torre Santa María?

No lo sabemos o creemos no saberlo, pero nuestro Pepe Grillo interior lo sabe, nos lo ha advertido siempre, ahí, de manera constante, la baliza roja girando y girando, pero tu y yo estamos tan insertos en la máquina sin compasión del consumismo, que una vez más, no tomamos atención, no lo vemos.

Si llegaste a esta página del libro, quiero pedirte un favor, necesito que me acompañes a mirar el cielo estrellado, no se si esta noche o la de mañana, puede ser cualquiera. Solo te pido que lo hagas, que mires las estrellas, que ames su brillo, que entiendas que probablemente la más azul en el cielo ya dejó de existir hace millones de años, y que no quiero que un observador al otro lado del infinito piense lo mismo de nosotros, no quiero que sienta nostalgia por que comprende que nos extinguimos. Por lo mismo, cuando entendí que después de todos estos viajes de idas y vueltas lo que realmente había pasado ese día en Santiago centro, en una casa húmeda, llena de fotos amarillas y de marcos de madera, era una señal inequívoca de que yo iba a recibir un regalo, inesperado, no deseado, pero un regalo al fin, el mismo que en este momento te estoy dando a ti, el mensaje, el de Akrura, el del viejo Richard y que desde hoy en adelante tu misión es hacer que este mensaje llegue a todos los que tengan ojos para ver y oídos para escuchar, por que yo ya no seré más el mensajero...

Lo serás tu.

...Welcome to the show, KISS (Psycho Circus).

Bienvenido al espectáculo

— CONTINUARÁ

Nave fotografiada en
Estación Central.
(agosto, 3 de 1991).

Freddy Alexis

¿QUÉ TE GUSTARÍA SANAR?

Puedes ocupar esta página para enviar un mensaje a los que tu piensas que son los sanadores o al mismísimo Akrura.

Freddy Alexis

CAJA DE PANDORA

En base a freepik.es

MANUSCRITO 1

Encontrado en la carpeta de recuerdos...

"La Tierra empezó a inclinarse en su eje en 1934, desde entonces las naves Olympia (comandada por Ashtar Sheran) fortaleza de más de 700 km. frente al golfo de México y la nave Esperanza del comandante Ptach, de las mismas dimensiones que la anterior, ellas están sosteniendo al planeta en su inclinación.

Ambas naves se hayan en una quinta dimensión, invisibles al ojo humano, aunque recientemente el año 2000 esta nave bajó su frecuencia vibratoria y fue fotografiada por un satélite, imagen que se propagó por todos los canales televisivos del mundo en aquel año. Este año llegaron varias naves del mismo tamaño que paralizaron Arica, estas fueron las causantes de las explosiones y relámpagos de luces en el espacio.

1) Extraterrestres 67 civilizaciones en la Tierra.

2) Seres de 25cm. Hasta 3 metros.

3) Varias bases al interior de la cordillera desde Arica a Punta Arenas.

4) Hangares al interior del roquerío de tal vez unos 15 kms. de longitud que alberga unos 50 ovnis en 18 modelos diferentes de naves.

5) Algunos lugares: Valle del Yuta, Cajón del Maipo, Lago Colbún, Cordillera frente a Parral y Coyhaique.

6) Bases en el mar sobre superficie de antiguas civilizaciones y ciudades como Lemuria cubiertas por cúpulas.

7) Constantes avistamientos en Matanza, Lagunillas, Pupuya, Navidad y La Boca.

8) Personajes contactados: Arcturo – Oxálxc, Comandantes: Urilic, Ashtar Sheran, Ptach, Jarkvack, "Sananda" Jesucristo, Mensajeras: Arteris –Orentis, Cosmonauta: Senjasen".

MANUSCRITO 2

"Desde hace muchos siglos se producen grandes explosiones ensordecedoras en los cielos de la desembocadura del río Ganges.

Es un misterio aún saber de donde proceden estos extraños ruidos, se han sentido en distintos lugares del mundo, nadie sabe a ciencia cierta que puede estar produciendo estos fenómenos (podría ser consecuencia de una "dimensión paralela") ¿Cómo explicar, además, algunos extraños objetos que caen desde el cielo?

En el libro del Apocalipsis 16:21 se lee el siguiente texto:

> Y cayó del cielo sobre los hombres un enorme granizo, y los hombres blasfemaron, por que la plaga fue grande.

Con respecto a estos granizos, entre las ciudades de Villa Alegre y Linares he sido testigo de dos hechos en los últimos años. Ruidos enormes, que son parecidos a la descarga de cientos de camiones descargando ripio, que se hicieron sentir en la región ante la caída de grandes granizos de hielo del tamaño de un dedo que obligaron a la gente a protegerse bajo las techumbres de edificios y casas, y la paralización de los vehículos en circulación.

Extraños ruidos que proceden desde el mar y en especial en la oscuridad de la noche ¿Qué misterios esconden las aguas del océano y qué se mueve en la profundidad del mar?

Hay también un cúmulo de interrogantes ofrecido por las apariciones en algunos lugares del mundo de pequeños seres de grandes orejas y enorme poder mental que han traído pánico en las personas que las han visto y han sabido de sus fuerzas mentales, desapareciendo después en la Tierra y dejando una estela de misterios detrás suyo.

Todos estos hechos insólitos preceden a la desaparición inexplicable de barcos, aviones y automóviles con sus ocupantes.

Son múltiples los casos de desapariciones de personas en presencia de familiares y amigos, para finalmente, no ser vistos nunca más ¿Qué misterio rodea estos acontecimientos? ¿Hay una suerte de túnel del tiempo que nos lleva a otra dimensión? ¿Podríamos llegar a saber cuando traspasamos esa puerta invisible? Estos son sucesos que aún no tienen respuesta para la humanidad y que la ciencia no ha podido dilucidar.

Otro hecho del final, establecido también en las escrituras, es el sorpresivo florecimiento del desierto, el que se ha estado produciendo en una variedad y gama jamás antes vista, llenando de colores esos lugares lejanos y deshabitados."

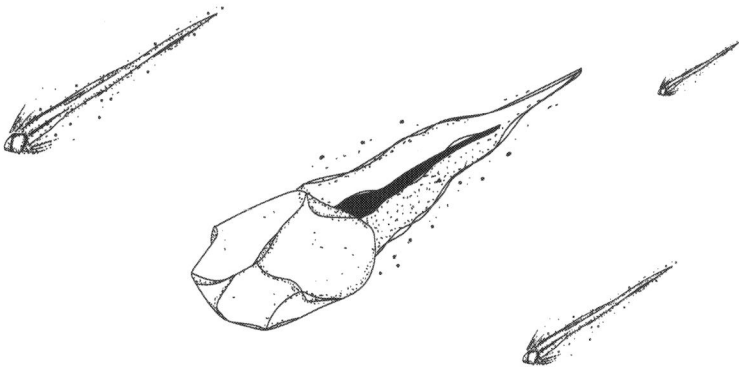

En base a freepik.es

MANUSCRITO 3

Este manuscrito en particular versa sobre la existencia y la apariencia física que debiese tener Benito (Arakrura) en su tierra natal, el planeta Corión.

"(incompleto...) Rejuvenecidos sus cuerpos y totalmente adaptados al planeta que los lleve. Los hombres serán de 25 años de edad promedio y las mujeres tendrán cuerpo de 18 años.

Perdona hermano, interrumpí una vez más ¿Y si en el momento del rescate yo muero, supongamos por infarto u otra cosa, que pasaría conmigo? Oxalc me observó sonriendo y respondió, pues sencillamente las computadoras acusarán el deceso y entonces será protegido y levitado tu espíritu para entregarte un nuevo cuerpo rejuvenecido, manteniendo tus rasgos físicos. Ahora bien, para aquellas personas que van a esos lejanos mundos, la memoria de los hechos será abreviada en forma de recuerdos para que no se pierda la experiencia vivida y no vuelvan a cometer los mismos errores.

En ese periodo en las naves, el hombre verá muchas cosas que le sorprenderán, entonces comprenderá las leyes del universo.

La confraternidad interplanetaria dará al hombre conocimientos científicos inimaginables para ser usados en el nuevo orden de las cosas.

Los niños también serán iniciados y aparecerán como adultos sabios en cuerpos jóvenes con ilimitadas facultades como la telepatía y la teleportación, en una transmutación cuerpo-luz.

Los que no hayan emigrado a otros planetas por su menor vibración espiritual, les será borrado de su memoria todo recuerdo de acontecimientos vividos y vidas pasadas, retornando a la Tierra cuando se haya purificado y limpiado, volviendo esta a su plena belleza, para repoblar el planeta y continuar con su evolución.

Estos hermanos serán devueltos para reconstruir un nuevo mundo y un nuevo orden de cosas, ya que no se pedirán voluntarios del espacio para colonizar la Nueva Tierra.

En sus libros sagrados se señala: Vi un cielo nuevo y una tierra nueva, por que el primer cielo y la primera tierra pasaron y el mar ya no existirá más.

¿Y por qué dirán ustedes? Por que habrá nuevos continentes en los que el mar ya no estará, sino sobre los continentes que desaparecerán en la gran tribulación.

Los que serán devueltos vendrán en cuerpos renovados para vivir un nuevo amanecer en la nueva era que se dará inicio. Así la vida continuará por que es eterna, como eterno es el creador.

Por que he aquí que yo crearé nuevos cielos
y nuevas tierras,
y de lo primero no habrá memoria,
ni más vendrá al pensamiento.

Isaías 65:17".

En base a freepik.es

MANUSCRITO 4

Conversación que mantuvo Benito con uno de sus maestros en Corión.

"– ¿Mi casa? ¡Bueno fue tu culpa B.J.! Cometiste un error y eso permitió que fueras de nuevo a la Tierra hace más de 2.000 años de tiempo terráqueo, para ser purificado y evolucionar, purgando así tu deuda y poder así retornar al lugar de donde nunca debieses haber salido. En tu vida terrestre has cometido muchos errores también, lo que ha provocado tu demora al retorno. Pero vas aprendiendo la lección y estás viviendo, quizás. Y eso depende de ti, tal vez la última etapa antes de regresar a este lugar que fue tu morada.

– Y ¿Cuál fue el error que cometí? Tu debes saberlo, dímelo por favor...

– Analiza tu vida B. J. y descúbrelo por ti mismo, tu tienes la respuesta a esa interrogante.

La vida de cada ser es un misterio en el paso el tiempo y cada cual debe ubicar su raíz para tomar conciencia de su verdad. Mientras estés en la materia tu vida seguirá siendo un misterio, cuando prevalezca el espíritu (que eres tú) entonces y solo entonces conocerás la verdad. Búscala ahora para que puedas volver pronto. Cuando regreses a la Tierra busca tu verdad, no sigas a los ciegos por que viven en la carne y son muertos que caminan, aún creyendo en nuestro amado maestro "Issu" el Cristo, no te desgastes en hacerte oír por los sordos, por que en ellos hay incredulidad y torpeza, hay ignorancia y maldad. Usa tus energías para hacer el bien y cuídalas, que te serán necesarias en un momento dado. Sigue creciendo como persona, busca la perfección, por que este mundo en el que ahora estamos es perfecto, es un regalo del creador para los hijos que han encontrado la verdad, por que creyeron en el y en sus leyes, volvieron a su estado natural de seres luz, pura energía al igual que el padre celestial...

Agaché la cabeza tratando de asimilar lo que me decía y entonces algo llamó mi atención, vi que en el piso de tablas había una suelta, la levanté y contemplé el suelo bajo ella, todo era oro y brillaba.

- ¿Esto qué es? Pregunté.

- Aquí termina el camino que te mostró el maestro frente al mar, en la visión en la que se te permitió recordar. Y esta casa es la morada prometida por el Cristo. Solté la tabla y sobresaltado miré al personaje frente a mí.

- ¡Este es el final del camino! Repitió, sonreía mientras su largo cabello se mecía por la brisa que entraba desde la ventana abierta.

Salimos al patio y caminamos por el campo, me deleitaba con la variedad de flores que me rodeaban, mi olfato disfrutaba con tanto aroma exquisito, parecía imposible que tal lugar pudiese existir, en ese momento no me acordaba de mi hogar en la Tierra, mientras caminaba pensaba:

¿Qué tan grave error habré cometido para haber perdido este maravilloso paraíso que tenía ante mis ojos?

Lo último que vi, fue un bosque frondoso de árboles con hojas fosforescentes..."

En base a freepik.es

EL LISTADO

Para evitar que estas personas sean víctimas de burla o exponer su vida privada, hay datos que evidentemente han sido ocultados.

Persona sanada	Profesión	Teléfono
Arturo Muñoz	Cantante	9876XXXX
Alejandro Olea	Productor musical	22551 XXXX
Antonia	Editorial	9583XXXX
Christian Araya	Compositor	9395XXXX
Cristián Katari	Pintor	9132XXXX
Humberto Hermosilla	Músico	9434XXXX
Dinora Muñoz	Amiga, vecina	7617XXXX
Marcela Iglesias	Cantante	9354XXXX
Geraldine Jenny	Guyani	8479XXXX
Arpista	Chacareros de Paine	XXXXXX
María Teresa	Discípula	7160XXXX
Raúl Bravo	Discípulo	8479XXXX
Ximena Reyes	Discípula	8748XXXX
Hermano Henry	Vecino	XXXXXX
Gustavo Olea	Discípulo	7617XXXX
Francia Toledo	Discípula	9818XXXX
Marcelo Hermosilla	Sonido TV	9296XXXX
Jacqueline Buró	Amiga	9871XXXX
Anita María	Amiga	9773XXXX

Todos y cada uno de ellos aseguran que Benito apareció en sus vidas como una presencia sanadora y que, para ellos, el había sido un maestro, un hombre lleno de luz.

De alguna forma lo que cuenta Arturo revela a cabalidad como era el proceso de sanación que realizaba Benito (Arakrura) y el por qué finalmente termina enfermo, su energía vital transmutada en rayos dorados de sanación era la que entregaba vida pero también le quitaba vida, tanto así que en algún momento (y esto me lo cuenta directamente a mí) en un viaje a realizar una sanación de un enfermo grave Benito es abordado, por fuerzas que no quieren el bien en el mundo, y atacado consecuentemente sus cristales de Cesio terminan pulverizados, pasando este elemento a su torrente sanguíneo provocándole una grave afección que es la que al final le quita la vida a Benito en esta Tierra.

Los cristales de Cesio tienen forma tetraédrica, algo así como una pirámide y que es la forma en la que la realidad se constituye, este triángulo equilátero de tres dimensiones es la unidad básica de nuestra realidad y que su medida es la "longitud de Planck" o sea 10 elevado a 35 más pequeña que 1 metro. Por tanto, esta equivalencia es también parte de lo que los antiguos llaman "Geometría Sagrada", todo lo que conocemos tiene esa forma y justamente los cristales de Cesio tienen una función fundamental en la modificación de la realidad circundante, de ahí su importancia.

Esta forma particular es llamada "Merkaba ó Merkavah".

"Merkaba, es la luz que rota y que puede llevar el espíritu y el cuerpo de un mundo a otro."

La enseñanza de los antiguos indica que el Merkaba puede definirse como un vehículo que tiene la forma de una Estrella de David tridimensional y es a través de este Merkaba que podemos manejar y modificar la energía nuestra y del entorno a voluntad, lo que nos permite viajar a otras regiones del universo y las dimensiones.

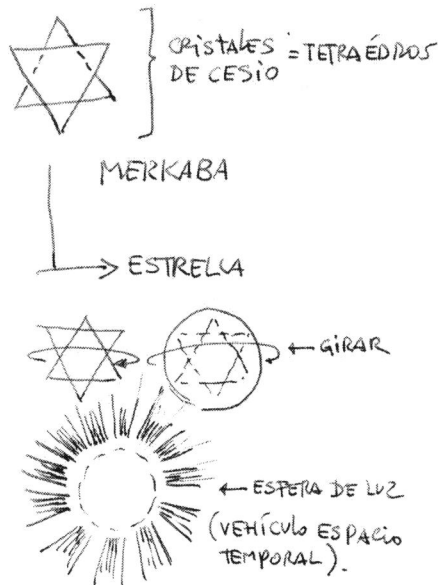

Freddy Alexis

Estas naves de luz son esferas brillantes por que el Merkaba, al moverse tan rápidamente, produce una forma circular lumínica perfecta y que al girar estos dos tetraedros, en sentido contrario uno del otro, forman el vehículo Merkaba, de tal manera que uno de ellos influye sobre el campo eléctrico, el otro sobre el campo físico y los dos a su vez sobre los campos magnéticos.

Benito me explicaba que era posible activar el Merkaba una vez comenzado el proceso de iniciación al que te invitaban los antiguos (ancianos), el proponía que la manera de activarlo era a través de la meditación combinando ejercicios de respiración, mudras y movimientos oculares.

Finalmente, lo que resulta visible es un campo en forma de platillo que se extiende hasta 20 metros alrededor del coxis del cuerpo de la persona y que lo cubre en su totalidad.

En las sagradas escrituras, decía Benito, hay referencias al Merkavah en la Toráh donde se le define como el "trono" o "carro de Dios".

Incluso podemos encontrar al Merkaba en el episodio del carro volador de Ezequiel.

EGIPTO Y EL MERKABA

Es en el antiguo Egipto en donde encontramos las primeras referencias al Mer-Ka-Ba

Mer: Luz que rota sobre sí misma.

Ka: Espíritu.

Ba: Cuerpo humano.

Entonces el Merkaba es la luz que rota, que lleva al espíritu y el cuerpo de un mundo a otro.

Todos estos conocimientos fueron heredados por Egipto directamente por su conexión histórica con Atlantis, de hecho, hay muchos conocimientos atlantes que descansan bajo las ruinas de Egipto esperando ser descubiertas aún.

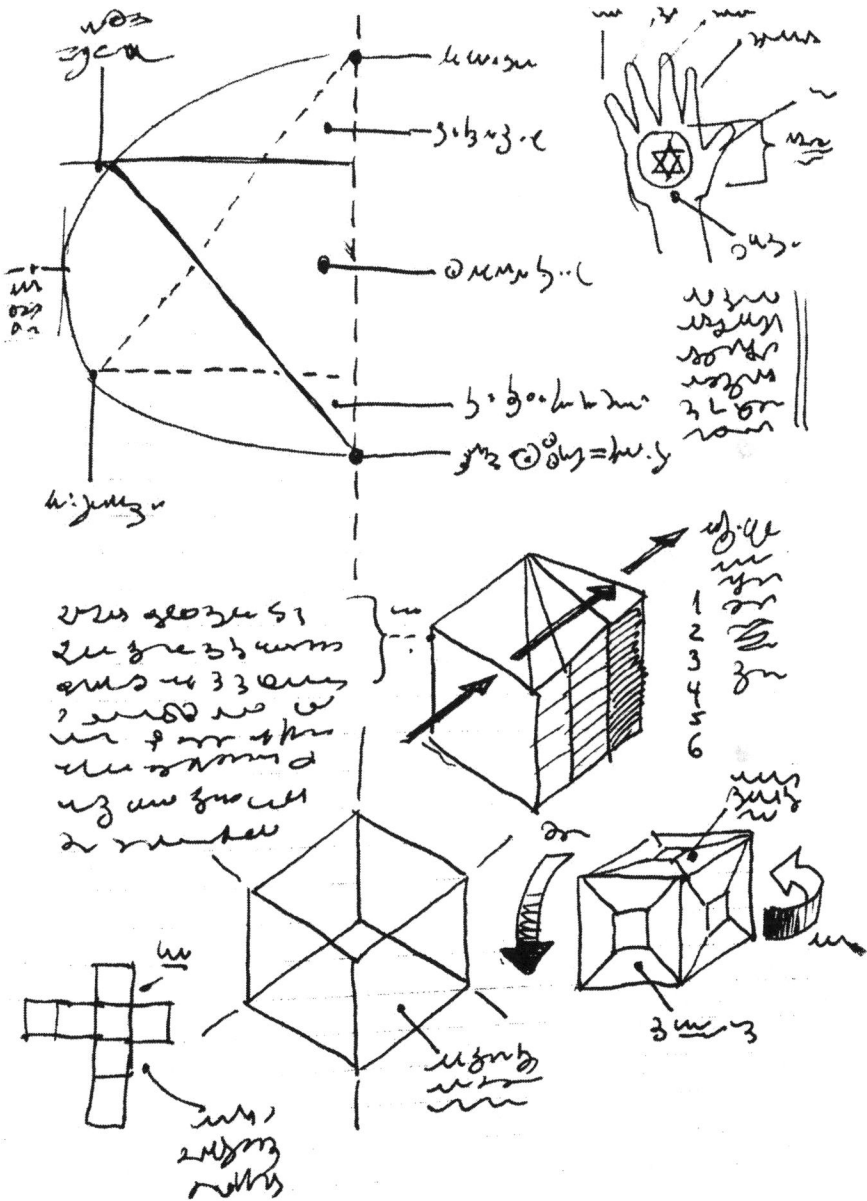

Freddy Alexis

MERKABA Y GEOMETRÍA SAGRADA

La geometría sagrada está diseñada para ser comprendida por el hemisferio izquierdo de nuestro cerebro, en la meditación se convierte en un bien invaluable para nosotros.

La parte racional de nuestro cerebro entiende los conceptos y las experiencias que son naturalmente recibidas por el hemisferio derecho, el de la parte intuitiva y racional.

Así nuestro "yo racional" deja de interferir en las experiencias del hemisferio derecho y la evolución del ser humano continúa de manera rápida, fuerte y consolidada.

La unidad, Dios, Gran espíritu, el Infinito, la madre naturaleza son expresiones de un lenguaje matemático perfecto que es la geometría sagrada.

El término Merkaba pertenece asimismo a los conceptos básicos de geometría sagrada, de los cuales podemos nombrar:

La Flor de la Vida

El Vesica Piscis

El Fruto de la Vida

El Cubo de Metatrón

El Toroide o Torus

Los Sólidos Platónicos

La estrella Tetraédrica

La Espiral logarítmica

La Secuencia de Fibonacci

La Sección áurea también llamada la divina proporción.

Todas estas geometrías forman una red desde la que se ha creado el universo completo, se pueden ver en el ADN, en las células humanas, en las plantas, en los animales incluso en los átomos, los planetas y las galaxias y también en el conjunto de los armónicos musicales.

LA FLOR DE LA VIDA

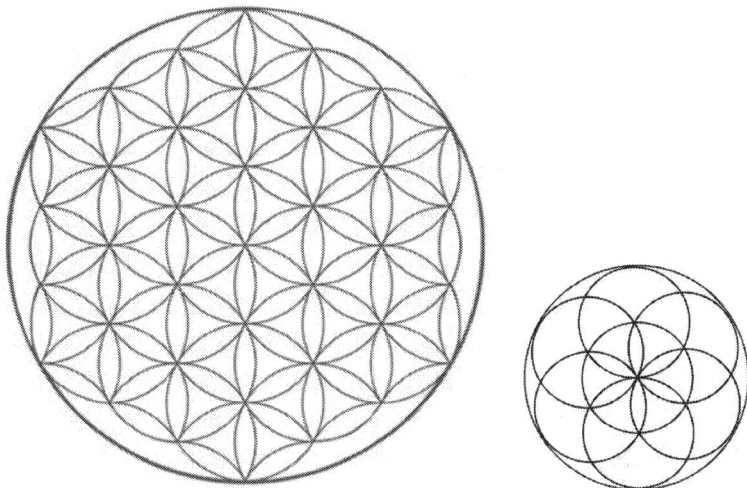

Esta es la matriz en donde se genera toda la creación, en la forma de la flor de la vida. Este es el símbolo mas significativo de esta geometría, todo el patrón de la creación se encuentra codificado ahí.

El conocimiento ancestral está inmerso en este lenguaje universal que está inscrito en la memoria de nuestras células.

Por medio de este lenguaje logramos entender la sabiduría de casi todas las culturas y también casi todas las civilizaciones. La llave para abrir las puertas del entendimiento de la naturaleza, el color de lo que nos rodea, el sonido y las vibraciones propias de nuestro hábitat.

Desde estos símbolos son creadas todas las formas posibles en esta dimensión, como los sólidos platónicos.

Esta información que es reconocida por nuestra conciencia en el alma, es también recordada perfectamente lo que nos permite expandirla dándonos un acceso consciente a nuestros orígenes que es al final, la clave para obtener la comprensión de muchas de las situaciones que vivimos en este presente.

EL MERKABA Y LA MEDITACIÓN

Al realizar la meditación para influir sobre el Merkaba se logra integrar el ying y el yang, lo positivo y lo negativo, lo femenino y masculino, la relación intuitiva, receptiva y lo activo dinámico logran unir nuestra mente y espíritu.

El flujo pránico se restaura y la glándula pineal se activa en el centro de nuestro cerebro.

Esto aumenta nuestras habilidades telepáticas y extrasensoriales con la clara posibilidad de integrarnos a nuestro pasado conociendo las memorias de otras vidas que estarían acumulados en dicha glándula.

Se fortalecen las habilidades mentales y las sensibilidades en un completo equilibro.

Logramos conocer el llamado "amor incondicional".

El Merkaba es posible de "programar" para lograr los objetivos que nos planteemos en la vida.

El vehículo Merkaba puede ser utilizado para movernos entre diferentes dimensiones de la misma manera en que lo realizaban los habitantes de la Atlántida.

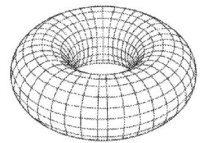

Toroide

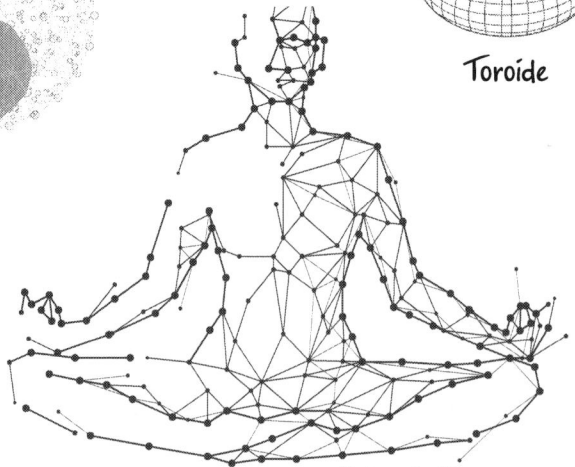

En base a freepik.es

EL CONTACTO A TRAVÉS DEL MERKABA

La técnica requerida para propiciar el contacto requiere utilizar una meditación que consta de 17 ejercicios de respiración que generarían la contra rotación necesaria de los campos electromagnéticos en que la humanidad está.

Debemos, por tanto, mantener la meditación (tal cuál lo hizo Benito) de manera periódica para tener activo el Merkaba y recibir los beneficios que aporta en la vida diaria el tener en el cuerpo los campos energéticos bien configurados y activados aprovechando todo lo que nos puede aportar este manejo en la vida cotidiana.

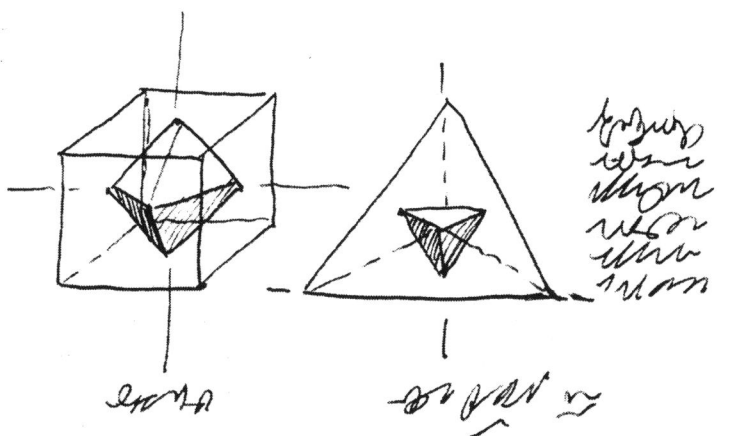

Diagrama
Merkaba de Arakrura.

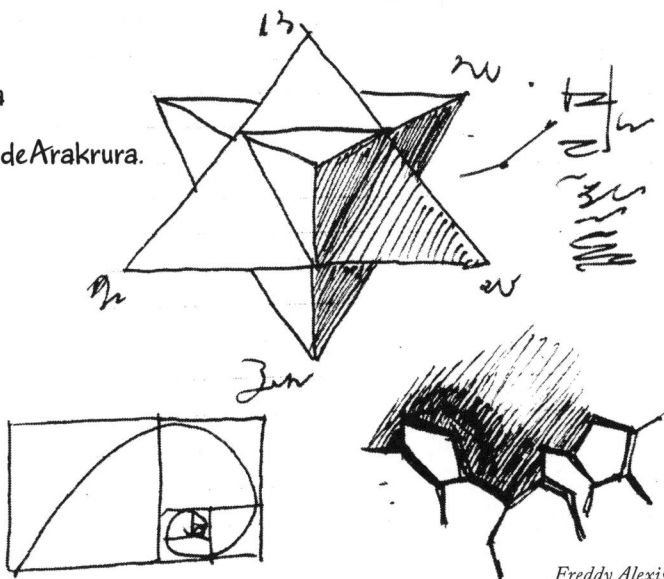

Freddy Alexis

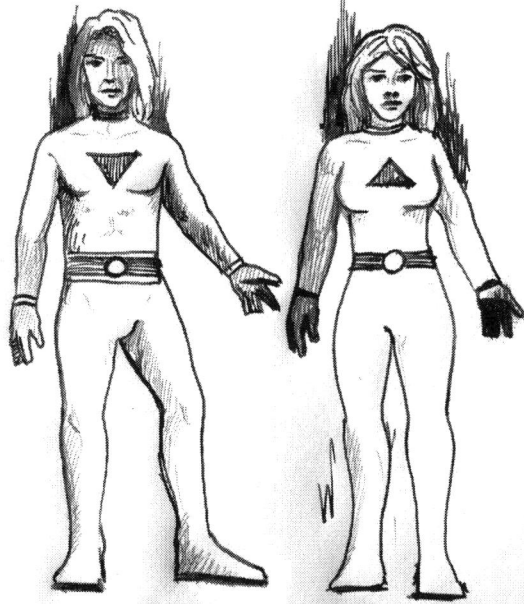

Dibujos psicografiados por Richard (Akrura) de los tripulantes Nom y Yertaris, abajo un texto copiado por el mismo desde el interior de la nave en la que se reúne con los grandes maestros del cosmos.

NOM

YERTARIS

Freddy Alexis

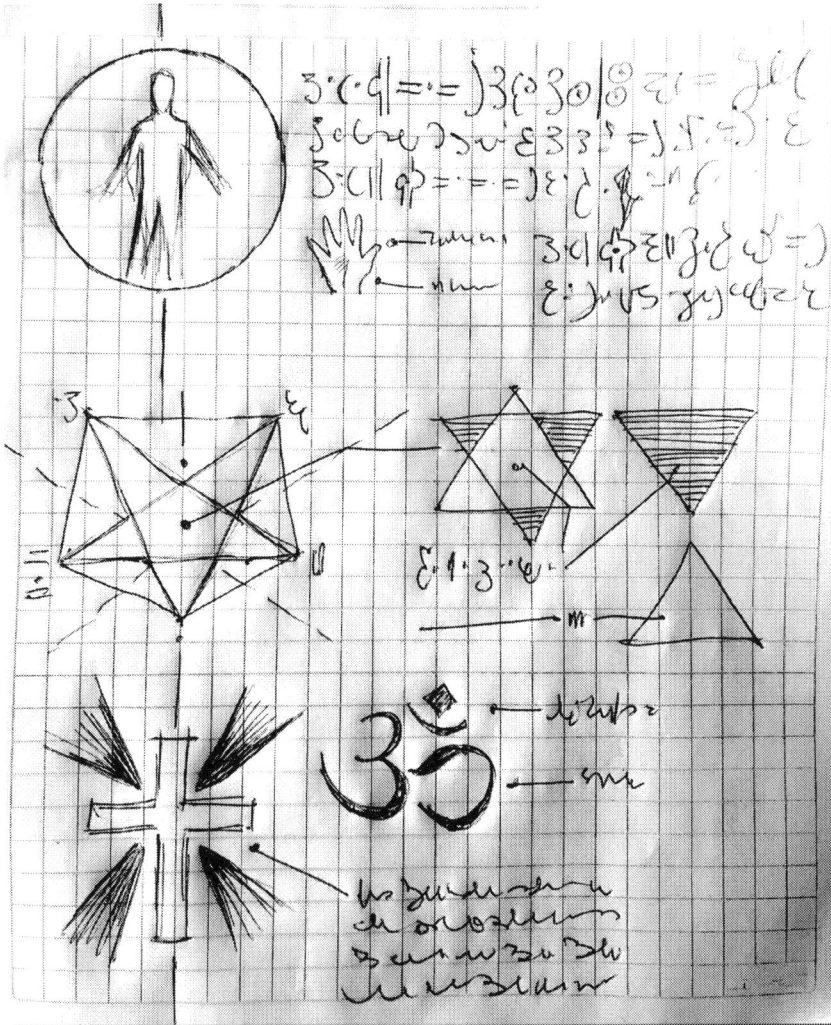

Freddy Alexis

Disposición geométrica de la energía del Merkaba y como esta es utilizada para proveer el transporte de los ocupantes no terrestres hacia otras dimensiones y lugares en el cosmos.

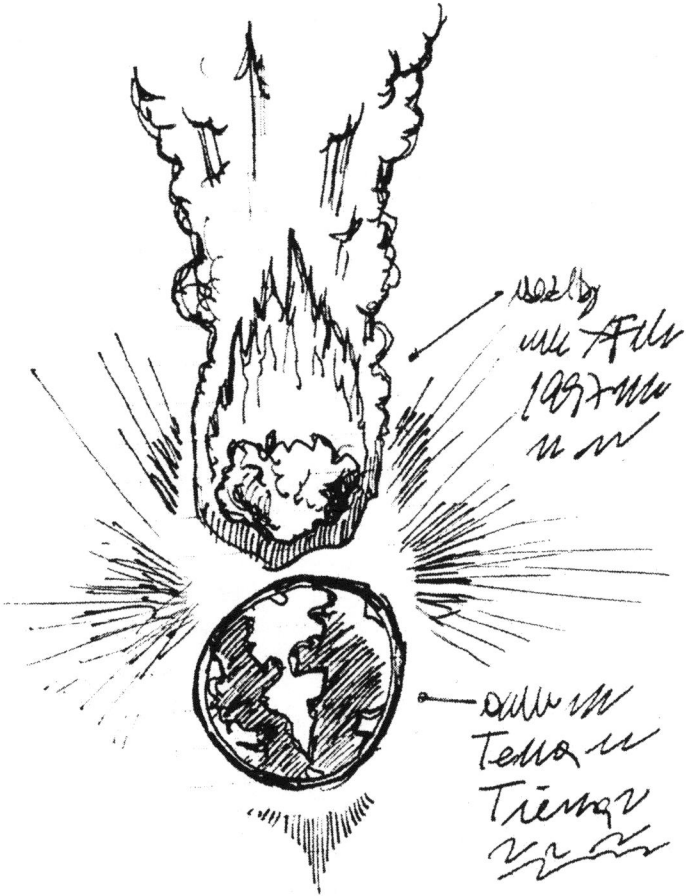

Freddy Alexis

Psicografía recibida de la catástrofe del coloso que golpeará la Tierra en 2028, recibida por Richard en una sesión con los guías.

El Manzano, Santiago de Chile en algún momento de 1989.

DE LA MANO DE ARAKRURA

Dentro del material que se encontraba en la carpeta de "Arakrura" habían muchas ilustraciones y esquemas, dentro de esos hubo varios que me generaron inquietud y es importante para la misión que me fue encomendada, y es deber decirles que si bien es cierto muchas de ellas están claramente influenciadas por la imaginería y leyenda propia de la temática extraterrestre, hay cosas que a usted le van a hacer tanto sentido como a mí cuando las vi.

Las primeras son acerca del "rapto" o "arrebato", un hecho que tiene relación incluso hasta con las religiones judeo-cristianas y que implica el rescate de quienes ya han tenido conciencia de la existencia de los hermanos mayores y el momento difícil que se viene para nuestro hogar, la Tierra.

Freddy Alexis

"Evacuación mundial antes del caos" (14 de mayo 1982).

Freddy Alexis nace en un Santiago repleto de edificios grises, con toque de queda y brillantes micros de colores, en su niñez, va entendiendo las luces y sombras que son parte de este mundo, viendo a su padre construir pirámides de cristal y vistiéndose de blanco para meditar bajo las estrellas, su madre, profesora normalista, le enseña la pasión por aprender y el amor por las letras, desde pequeño su gran obsesión fueron las estrellas y los vientos de la imaginación, Spielberg y Lucas forman parte de su guión de vida y comienzan a darle forma a su pluma... Siempre preguntándose ¿Estamos solos en el universo?

Así, el comunicador originario de Isla Negra nos presenta su opera prima, profundamente vinculada con el hombre y su propósito en el cosmos.

Made in the USA
Las Vegas, NV
20 August 2021